本丛书的出版得到国家语言文字工作委员会重大科研项目
"'国家语言能力'内涵及提升方略研究"（项目编号：ZDA135-7）经费资助

"十四五"时期国家重点出版物出版专项规划项目

国家语言能力研究丛书　　总主编　文秋芳

荷兰
国家语言能力研究

张佳琛　著

外语教学与研究出版社
FOREIGN LANGUAGE TEACHING AND RESEARCH PRESS
北京 BEIJING

图书在版编目（CIP）数据

荷兰国家语言能力研究 / 张佳琛著. -- 北京：外语教学与研究出版社，2022.12（2024.1重印）
（国家语言能力研究丛书 / 文秋芳总主编）
ISBN 978-7-5213-4165-2

Ⅰ.①荷⋯ Ⅱ.①张⋯ Ⅲ.①语言能力－研究－荷兰 Ⅳ.①H0

中国版本图书馆 CIP 数据核字（2022）第 249780 号

出 版 人　王　芳
项目负责　步　忱
责任编辑　解碧琰
责任校对　步　忱
封面设计　锋尚设计
版式设计　涂　俐
出版发行　外语教学与研究出版社
社　　址　北京市西三环北路 19 号（100089）
网　　址　https://www.fltrp.com
印　　刷　北京九州迅驰传媒文化有限公司
开　　本　650×980　1/16
印　　张　11.75
版　　次　2023 年 2 月第 1 版 2024 年 1 月第 3 次印刷
书　　号　ISBN 978-7-5213-4165-2
定　　价　49.90 元

如有图书采购需求，图书内容或印刷装订等问题，侵权、盗版书籍等线索，请拨打以下电话或关注官方服务号：
客服电话：400 898 7008
官方服务号：微信搜索并关注公众号"外研社官方服务号"
外研社购书网址：https://fltrp.tmall.com

物料号：341650001

目　录

总序 v

第一章　荷兰国家语言能力历史回顾 1

  1.1　低地地区古代社会语言能力的发展 3

    1.1.1　社会语言秩序建立前的黎明期（约公元前
200 年—约 700 年） 4

    1.1.2　社会语言秩序的孕育期（约 700—1150 年） 6

    1.1.3　社会语言秩序的建立期（1151—1500 年） 8

    1.1.4　社会语言能力的发展期（1501—1829 年） 11

  1.2　近代荷兰国家语言能力的发展 16

    1.2.1　荷兰语言治理的自治期（1830—1945 年） 17

    1.2.2　跨境语言治理的探索期（1946—1980 年） 18

  1.3　荷兰国家语言能力历史小结 20

第二章　荷兰国家语言治理能力建设 22

  2.1　荷兰国家语言治理机构体系构建 22

    2.1.1　全国性语言治理机构：荷兰中央政府 23

    2.1.2　荷兰语区语言治理机构：荷兰语语言联盟 25

    2.1.3　超国家语言治理机构：欧洲国际组织 27

    2.1.4　地区性语言治理机构：弗里斯兰省政府 28

  2.2　荷兰国家语言规划制定与实施 32

    2.2.1　荷兰中央政府独立制定与实施的荷兰语
语言规划 33

i

  2.2.2 荷兰中央政府参与制定与实施的荷兰语
     语言规划 43
  2.2.3 荷兰中央政府受益的超国家语言规划 48
  2.2.4 荷兰中央政府牵头制定的弗里斯语语言规划 54
 2.3 荷兰国家语言生活研究与交流 58
  2.3.1 荷兰国家语言生活研究 58
  2.3.2 荷兰国家语言生活交流 63
 2.4 荷兰国家语言治理能力建设小结 64

第三章 荷兰国家语言核心能力建设 67
 3.1 荷兰通用语的普及 68
  3.1.1 全国通用语的普及政策 68
  3.1.2 区域通用语的普及政策 72
 3.2 荷兰通用语的规范化 74
  3.2.1 荷兰语的规范使用 74
  3.2.2 弗里斯语的规范使用 83
 3.3 国家语言信息化和智能化 85
  3.3.1 荷兰语语言文字网站的建设 85
  3.3.2 荷兰语语言数据库的创制 87
  3.3.3 智能化语言工具的开发和应用 93
 3.4 荷兰语言和谐生活构建 105
  3.4.1 其他语言地位的认定 105
  3.4.2 各种语言的使用情况 106
  3.4.3 残疾人的语言保障 113
 3.5 荷兰国家语言核心能力建设小结 116

第四章 荷兰国家语言战略能力建设 118
 4.1 荷兰国家外语教育政策 118
  4.1.1 荷兰初等学校外语教育政策 120

  4.1.2　荷兰中等学校外语教育政策 124
  4.1.3　荷兰高校外语教育与使用政策 129
  4.1.4　荷兰中学汉语教育情况 136
 4.2　**荷兰国家通用语国际拓展实践** 139
  4.2.1　国际荷兰语教育 140
  4.2.2　国际荷兰语研究 147
 4.3　**荷兰国家对外话语的表述** 152
  4.3.1　图书文字的翻译出版 152
  4.3.2　政府话语的翻译传播 155
 4.4　**荷兰国家语言人才资源掌控** 156
  4.4.1　荷兰翻译人才数据掌控 157
  4.4.2　国际荷兰语人才数据掌控 158
 4.5　**荷兰国家语言战略能力建设小结** 159

第五章　总结和启示 161
 5.1　数字时代与国家语言能力建设 161
 5.2　语言教育与国家语言能力建设 162
 5.3　跨界合作与国家语言能力建设 163

参考文献 165
政策法规及条约名录 174

总　序

"国家语言能力研究丛书"是2018年国家语言文字工作委员会（简称"国家语委"）重大科研项目"'国家语言能力'内涵及提升方略研究"的系列研究成果之一。该项目是国家语委首批立项的重大科研项目，立项的背景是，我国已经成为世界第二大经济体，比任何时候都更接近世界舞台中央，但我国的国家语言能力与综合能力不相匹配。国家语言能力是"政府运用语言处理一切与国家利益相关事务的能力"。它是国家软实力的标志，也是硬实力的支撑。在和平与发展成为时代主题时，国家语言能力与国家军事实力发挥着同等重要的作用。国家军事实力展现的是使用"硬武器"的成效，国家语言能力展现的是使用"软武器"的成效。国家层面的外交、军事、经济、文化等各领域的活动都需要强大的国家语言能力作为保障。

2016年"国家语言能力"首次写入教育部与国家语委制定的《国家语言文字事业"十三五"发展规划》。该规划中明确写道："到2020年，在全国范围内基本普及国家通用语言文字，全面提升语言文字信息化水平，全面提升语言文字事业服务国家需求的能力，实现国家语言能力与综合国力相适应。"从本质上说，国家语言能力的强盛取决于国家综合国力，但国家综合国力的强大不会自动地促成国家语言能力的提升。换句话说，强国可助强语，强语可助强国，但这并不意味着强国定能强语。在目前我国综合国力不断增强的形势下，迫切需要我国政府加强领导，社会组织和学者群体高度关注，以形成共识，从战略层面进行规划，并采取相应措施，使我国国家语言能力与综合国力相匹配，让国家语言能力助推综合国力，实现更好更快的发展。这就是本课题的重大战略意义。

本课题组自获批"'国家语言能力'内涵及提升方略研究"这一重大科研项目以来，深知责任重大、意义深远。本人在前期研究基础之上，提出了国家语言能力"三角理论"，即国家语言能力由三部分组成：（1）国家语言治理能力；（2）国家语言核心能力；（3）国家语言战略能力。这三个分项能力又各涵盖3—4个维度：国家语言治理能力包括治理机构体系构建、规划制定与实施、语言生活研究与交流；国家语言核心能力涉及国家通用语普及、国家通用语规范使用、国家语言智能化与国家语言和谐生活建设；国家语言战略能力则包括国家外语教育、国家通用语国际拓展、国家语言人才资源掌控和国家对外话语表述。可以看出，三个分项能力形成了一个稳定的三角形。国家语言治理能力位于顶端，指政府处理国内外两类语言事务的效力和效率，具有全局性和统领性特点，决定着核心和战略两类能力的发展方向和效果。国家语言核心能力具有基础性和先导性特点，是国家政治安全、领土完整、社会和谐、经济发展、文化繁荣、信息安全等的压舱石，是国家语言战略能力发展的前提，应置于国家语言能力建设的优先位置。国家语言战略能力着眼未来，具有前瞻性和长远性特点，是国家对外开放、维护国家主权、塑造国家形象、提升国家国际地位的支柱，对国家语言核心能力建设有促进作用。国家语言核心能力和国家语言战略能力又反作用于国家语言治理能力的建设和发展。

在此基础上，本人和张天伟教授、杨佳博士后、董希骁教授、詹霞副教授、戴冬梅教授、李迎迎教授、邵颖副教授、张佳琛博士、董丹博士、汪波副教授等人共同努力，以国家语言能力新理论框架为依据，融合中外视角，对中国、罗马尼亚、德国、法国、俄罗斯、马来西亚、荷兰、意大利、韩国等国家的语言能力开展了个案式的深入调查分析。《新中国国家语言能力研究》《罗马尼亚国家语言能力研究》是团队取得的首批研究成果。《新中国国家语言能力研究》全面展现了中华人民共和国成立以来中国政府在国家语言治理能力、国家语言核心能力和国家语言战略能力三个方面取得的辉煌成就,彰显了中国国家语言能力的优势,同时也审视其不足之处,并提出了相应的建设性意见。《罗马尼亚国家语言能力研究》梳理了罗马尼亚国家语言能力建设历史,并对其发展特点进行了总结和归纳,为探究中国和罗马尼亚两国在国家语言能力建设目标、路径和模式上存在的差异提供了独特的视角和丰富的材料。除了《新中国国家语言能力研究》《罗马尼亚国家语言能力研究》外,"国家语言能力研究丛书"第二批著作《德国国家语言能力研究》《法国国家语言能力研究》《俄罗斯国家语言能力研究》《马来西亚国家语言能力研究》《荷兰国家语言能力研究》《意大利国家语言能力研究》《韩国国家语言能力研究》也将陆续与读者见面。通过这套丛书的出版,我们希望能够为学界提供双向互动比较的内外视角,探究中国和其他国家语言能力发展体系的异同,由此借鉴外国经验,提出提升我国国家语言能力的策略,最终将我国建设成世界语言文字强国。丛书旨在抛砖引玉,期待各位专家学者不吝指教。

文秋芳

国家语言能力发展研究中心 / 中国外语与教育研究中心

2021 年 5 月 1 日,劳动节

第一章
荷兰国家语言能力历史回顾

荷兰（Nederland）地处欧洲，东部与德国接壤，南部与比利时（België）为邻，西部、北部沿海并与英国隔海相望。经常被用于指代这片土地的"荷兰"一词，来源于荷兰王国（Koninkrijk der Nederlanden）。荷兰本土由位于西欧的12个省及3个海外行政区组成。除此之外，荷兰王国还包括阿鲁巴（Aruba）、荷属圣马丁（Sint Maarten）和库拉索（Curaçao）三个构成国。荷兰王国的国家元首是国王。国王与各部部长共同组成王国政府。荷兰王国的国防、外交和主权事务由王国政府负责，其余事务由各构成国政府自行规划和管理。作为荷兰王国构成国之一，荷兰使用荷兰语，其语言事务也由荷兰中央政府（Rijksoverheid）负责。本书是对荷兰国家语言能力建设的研究。根据文秋芳（2019：60）的定义，国家语言能力是"政府运用语言处理一切与国家利益相关事务的能力"。因此，本书研究的问题是荷兰中央政府如何运用语言处理与国家利益相关的事务，并运用文秋芳（2019）提出的国家语言能力构成新框架对荷兰国家语言能力的不同维度进行研究和评价。

荷兰语属于印欧语系日耳曼语族西日耳曼语支，在荷兰、阿鲁巴、荷属圣马丁、库拉索、比利时和苏里南共和国（Republiek Suriname）均享有官方地位，但只有比利时在其宪法中明确了荷兰语的官方语言

（officiële taal）地位。尽管在荷兰语中用词相同，但是因为不同国家保障语言地位的法律类型不同，所以同一语言在不同地区实际上处于不同的地位。为了进行区分，本书将宪法规定使用的语言称为官方语言，其他由法律保证其地位的语言称为通用语（言）。需要说明的是，在上述地区使用的语言——无论是作为通用语还是官方语言——都是标准荷兰语（Standaardnederlands）的变体。

此外，上述地区在标准荷兰语诞生和发展的过程中扮演着不同的角色。荷兰和比利时是欧洲比邻而居的两个国家，在相当长的时间内呈现出相同或相似的社会发展状态，因而孕育了共同的语言。而其余四地使用荷兰语都与荷兰的殖民历史息息相关。尽管阿鲁巴、荷属圣马丁、库拉索和苏里南共和国如今都以不同的形式与荷兰合作，但并未在标准荷兰语的诞生过程中扮演重要角色。阿非利卡语（Afrikaans）的情况与此有一定相似性。阿非利卡语也称为南非荷兰语，但在语言学者看来，它与荷兰语是两种不同的语言。两者之间的联系在于阿非利卡语是荷兰殖民历史的产物，因此在研究荷兰语诞生和发展的历程时，阿非利卡语的历史并不会被考虑在内。综上所述，本书对荷兰国家语言能力建设的历史回顾，关注的是荷兰语在荷兰的发展。

荷兰语能够演变成如今的样貌和使用规模，是语言发展的结果。在对现今荷兰国家语言能力建设的各个维度进行研究和分析之前，需要先简要梳理荷兰语发展至今的历史阶段，其意义有三。第一，荷兰语分别被荷兰和比利时确立为通用语言和官方语言。这两个国家之间关系的历史发展对现代荷兰语的形成和发展产生了重要影响。可以说，荷兰语的发展史就是荷兰和比利时的语言史（Donaldson 1983）。第二，在古代和近代的一段时间内，荷兰和比利时，乃至整个低地地区（Lage Landen）是同一个政治主体或处于同一政权统治之下。现今荷兰国家语言治理机构的基础就有部分来自这个政治主体，梳理其历史可以为分析荷兰现代治理机构体系建设过程提供参考。第三，标准荷兰语并非新创制的语言，而是经历了历史变迁之后再经过标准化的产物。因此，在梳理荷兰语现代标准化政策之前，应当了解荷兰语从何而来、经历过何种变化。

第一章　荷兰国家语言能力历史回顾

标准荷兰语的诞生和发展伴随着低地地区政治、经济、文化的历史变迁。国家语言能力本质上是"政府运用语言处理一切与国家利益相关事务的能力"（文秋芳 2019：60），而"低地地区"这一历史地理概念的使用本身就体现了管辖这片土地的政治主体的多变性和复杂性。因此，在现代荷兰语的诞生和标准化过程中，国家语言能力在低地地区并不存在。但是，语言的发展离不开社会政治、经济和文化环境的推动和影响，因此在这一历史阶段中，将国家语言能力替换为社会语言能力更为恰当。在单一政府主体缺失的情况下，容纳语言使用和发展的环境势必对语言发展有所影响。因此，社会语言能力就是指语言的外部空间在语言发展过程中对其产生作用的能力。本章将依循历史线索，简要梳理低地地区社会语言能力的发展历程。

1.1　低地地区古代社会语言能力的发展

本节是对低地地区古代语言发展历程的梳理，需要先厘清几个重要概念。所谓低地地区，在历史地理层面指的是莱茵河（Rijn）、马斯河（Maas）下游及斯海尔德河（Schelde）流域周边的沿海区域或位于这个区域内的国家（Janssens & Marynissen 2011）。荷兰、比利时、卢森堡和法国西北部的部分区域都属于低地地区的范围。在历史上，低地国家（Nederlanden）与低地地区相近，除了作为历史地理概念，还可以作为政治历史概念，代表 19 世纪上半叶由威廉一世（Willem Ⅰ）建立的荷兰联合王国（Verenigd Koninkrijk der Nederlanden）及其所管辖的区域（Hellinga 2011）。鉴于低地国家和低地地区所指的地理位置大致相当，且低地地区所指在本书关注的历史时期内一直相对稳定，故本书在讨论荷兰语发展历程时统一使用"低地地区"这一概念。此外，荷兰语在现代语境中是标准荷兰语的简称，但在历史上，Nederlands（荷兰语）这个词在 1482 年才首次出现在文献中（De Vooys 1970；Willemyns 2013）。因此，在历史语境中论述的荷兰语均为该特定时段内在低地地区广泛使用的、现代标准荷兰语的一种或几种前身。

荷兰著名语言文学学者、荷兰语拼写标准化推进者科内利斯·赫里特·尼古拉斯·德·沃伊斯（Cornelis Gerrit Nicolaas de Vooys）在《荷兰语的历史》（Geschiedenis van de Nederlandse taal）一书中写道，"荷兰语的历史，就是现今荷兰语母语者生活的地区逐渐实现这种语言的统一的历史"（De Vooys 1970：13）。这种语言上的统一大体经历了四个历史阶段，也代表了低地地区古代社会语言能力发展的总体历程。如前文所述，之所以用社会语言能力替代国家语言能力，是因为在1830年之前，现在的荷兰语语言区（Nederlands taalgebied，下文简称"荷兰语区"）在不同的历史时期或作为一个整体被不同政权统治，或分为几个部分被不同政权统治，因此无法以国家代之。所谓荷兰语区，指的是超越国界限制的语言使用区域。此外，Van den Toorn et al.（1997：23）指出，"语言政策，至少是我们现在所指的语言政策，从未在低地地区出现过"。因此，古代的低地地区不存在一个长期存续的独立国家政权对语言作出规划，更遑论语言能力建设，但这并不意味着现代荷兰语的诞生和发展完全没有受到任何形式的规划的影响。荷兰语随着低地地区社会政治、经济和文化的发展得以形成，这种社会发展对语言的影响就是社会语言能力。低地地区的社会局势长期动荡，社会语言能力的发展经历了漫长的过程。发展的第一步，是社会语言秩序的建立。

1.1.1　社会语言秩序建立前的黎明期（约公元前200年—约700年）

低地地区居民在约公元前3500年—公元前3000年修建了该地区迄今为止已发现的最古老的建筑——石棚墓（hunebedden），这一行为被视为该地区历史的起点。但是，这些石棚墓的建造者并非现代荷兰语的创造者，至少不是被学者承认的荷兰语创造者。这些原住民遗留下来的语言线索相当有限，考古学家根据这些线索得出的结论显示，原住民使用的语言很可能并不属于印欧语系。

印欧语系在低地地区的发展可以追溯到公元前2世纪，日耳曼人（Germanen）就是从这个时期开始在低地地区生活。他们的主要活动范围集中在莱茵河北岸。低地地区南部则生活着凯尔特人（Kelten），主要成员是高卢人（Galliërs）。罗马帝国征服高卢北部之后，莱茵河正式成为一道分界线。盖乌斯·屋大维·奥古斯都（Gaius Octavius Augustus）在莱茵河沿岸建起一道防御工事，史称"罗马帝国界墙"（limes）。在界墙的南侧，罗马帝国任用原住民中的望族成员为城邦管理者，并获得了民心。这一地区也从公元3世纪开始进入罗马化阶段。但是，界墙的北侧"几乎保持独立，受到的罗马化影响微乎其微"（Mulder et al. 2008：29）。

这种南北差异也体现在语言上。最先在莱茵河北岸定居的日耳曼人使用一种古老的印欧语言。这种语言的一些痕迹也在现代荷兰语中得以保存。例如，pink（尾指）一词很可能源于这种古老印欧语言的 penkwe 一词，意为"五或第五根手指"（Janssens & Marynissen 2011）。由于低地地区北部在这一时期受到的罗马化影响较小，各种日耳曼方言得以继续使用，弗里斯人（Friezen）族群逐渐形成。

莱茵河南岸的社会语言环境在罗马化进程中呈现出凯尔特语逐渐淡出历史舞台和日耳曼方言罗马化两个特点。现代荷兰语中仍然能找到凯尔特语的痕迹，这是凯尔特语曾经在低地地区南部被广泛使用的证据，如 Gent（根特）、Tongeren（通厄伦）、Luik（列日）等沿用至今的地名（De Vooys 1970）。但低地地区南部在被罗马帝国征服后，经历了深度的罗马化，以致罗马人的通俗拉丁语（Vulgair Latijn）开始成为凯尔特人的母语，凯尔特语在低地地区南部几乎绝迹（Donaldson 1983）。同时，居住在莱茵河南岸的日耳曼人使用的语言也受到罗马化的影响（Janssens & Marynissen 2011）。现代荷兰语中仍然保留了许多拉丁语外来词（leenwoord），如 muur（墙壁）、tegel（瓷砖）等。

4—7世纪，随着罗马帝国的衰落，民族大迁徙（volksverhuizing）使得日耳曼方言的使用范围扩大，但也导致日耳曼方言出现分裂（Willemyns 2013），为低地地区建立自己的社会语言秩序提供了可能性。法兰克人（Franken）建立的王国将低地地区南部纳入自己的版图，其居民和原本居住在此地的、被罗马化的高卢人混居。生活在这片土地上的还有沿海地区的因格沃内人（Ingweonen，也称沿海的日耳曼人，即Kustgermanen）。他们使用的语言和其他日耳曼方言合称为"因格沃内沿海方言"（Ingweoonse kustdialect）。而在低地地区北部，不受罗马帝国统治的居民与迁入此地的撒克逊人（Saksen）和盎格鲁人（Angelen）混居，为弗里斯民族和语言的形成奠定了基础。

作为社会语言秩序建立前的黎明期，日耳曼语首先凭借民族优势在低地地区站稳了脚跟。前期的外来语刺激和长期的多民族混居又为日耳曼民族的语言融合和发展奠定了基础，使得低地地区的社会语言图景逐渐明朗。

1.1.2　社会语言秩序的孕育期（约700—1150年）

随着低地地区进入法兰克人统治的时代，地区内部的南北语言分界逐渐模糊。受到法兰克人语言的影响，低地地区产生了几种融合法兰克民族语言、因格沃内沿海方言和撒克逊方言特点的区域性语言（Janssens & Marynissen 2011；Willemyns 2013）。这些区域性语言统称为"古荷兰语"（Oudnederlands，也写作Oud-Nederlands）（De Vooys 1970）。

几乎所有荷兰和比利时荷兰语区的学生，包括绝大多数学习荷兰语的外国留学生，都很熟悉以下诗句（Mulder *et al.* 2008：59）：

> Hebban olla vogala nestas hagunnan
> hinase hic enda thu.
> Wat unbidan we nu?
> 所有的鸟儿都开始筑巢了，
> 只剩下你我，
> 我们还等什么呢？

这是考古学家和语言学家公认的来自12世纪末的古荷兰语诗句，作者是一位西弗莱芒僧侣。

首先，古荷兰语是一个统称，指的是在这一时期被广泛使用的方言，并非某一种标准化的语言。因此，低地地区的社会语言秩序在这一时期仍然处于孕育阶段。其次，保存至今的古荷兰语文本数量极少。古荷兰语语料库（Corpus Oudnederlands）收集了那些保存下来的文本。这些文本均经过现代语言学家筛选，主要来源包括《中古法兰克方言押韵圣经》（*Middelfrankische Rijmbijbel*）、拉丁文文献中的古荷兰语注释以及一些人名和地名。De Vooys（1970：23）将那些以拉丁文文本为载体保存下来的古荷兰语单词称为"随手写下的单词"，以说明古荷兰语在这一时期作为书写语言的地位与拉丁语相去甚远。由此可见，在这一时期，虽然古荷兰语在民众中得到了比较广泛的使用，但拉丁语仍然是占据统治地位的书写语言。

保存至今的古荷兰语文本类型也反映了这一历史时期低地地区社会语言秩序的发展特点。一方面，马斯特里赫特（Maastricht）自罗马时代开始就实现了向基督教的转变（kerstening）（Hellinga 2011）。在其后将低地地区纳入版图的法兰克王国，则有着悠久的基督教传统，该传统传承自创始者克洛维一世（Clovis I）。在低地地区北部，尽管传教士曾频频遇阻，但这一情况也在传教士克雷曼斯·威利布罗德（Clemens Willibrord）的努力下发生了改变。这一系列发展的结果是基督教从公元 9 世纪开始在低地地区的社会生活中扎下了根（Van der Ham 2009）。另一方面，教会使用的拉丁语、低地地区南部原住民使用的高卢-罗曼语（Gallo-Romeins）、法兰克人使用的古法语（Oudfrans）与低地地区固有的各种日耳曼方言共同存在，形成了语言资源相对丰富的社会语言形态。拉丁语在这一时期对古荷兰语的影响主要体现在书写上。前文提及的古荷兰语诗句就是以拉丁字母记录的。此外，古荷兰语语料库收录的许多古荷兰语文本片段也都是从拉丁文文献中发现的。因此，基督教会和拉丁语为这一时期的古荷兰语资料提供了重要载体。

古荷兰语语料库所收集文本的时间跨度为 475—1200 年。其建设者在设定语料收集区间时，主要参考了低地地区社会发展的重要时间节点。例如，公元 5 世纪是法兰克人占领低地地区的开端，而 1200 年则标志着低地地区封建领主（vorstendom）时代的结束。但是，从社会语言秩序发展进程来看，公元 4—7 世纪的日耳曼民族大迁徙对低地地区的整体语言发展有着更重要的意义,应该被单独列出讨论。此外,目前已发现的写于1100年以前的荷兰语文本数量极少。在保存至今的中世纪文本中,最早的荷兰语文本写于12世纪下半叶(Willemyns 2013)。综合上述因素,约700—1150年应该被视作社会语言秩序逐渐建立的孕育期。因为从这个时期开始,低地地区使用的语言有了独立的名称,标志着社会语言秩序开始成形。

1.1.3 社会语言秩序的建立期(1151—1500年)

在低地地区社会语言能力的发展历程中,1151—1500年这一时期发挥了承上启下的作用。一方面,统称为"古荷兰语"的各方言随着低地地区政治和社会环境的变化演变成统称为"中古荷兰语"(Middelnederlands)的各种方言。另一方面,低地地区手工业和商业的崛起以及相对稳定的民族构成也为社会语言能力的发展奠定了基础。

同古荷兰语一样,中古荷兰语也是一系列方言的统称,其中较重要的几种方言包括林堡方言(Limburgs)、弗莱芒方言(Vlaams)[1]、布拉班特方言(Brabants)和荷兰方言(Hollands)。在这一历史时期,上述方言并非一直处于势均力敌、多足鼎立的平衡状态。在不同时间,这些方言中的一种或几种轮番登上低地地区的语言舞台中心。其中,林堡方言和荷兰方言属于低地地区北部方言,而弗莱芒方言和布拉班特方言则源自低地地区南部。针对现存的中世纪文学文本的研究表明,13世纪的文本主要基于弗莱芒方言,到14世纪开始出现弗莱芒方言和布拉班特方言齐头并进的趋势,布拉班特方言和荷兰方言在15世纪分别在低地地区南部和北部占据主流地位(De Vooys 1970;Donaldson 1983)。这一发展过程与低地地区的社会经济发展历史有着紧密的关系。

12—13世纪,位于低地地区南部的佛兰德伯国(Graafschap Vlaanderen)政治局势稳定,城市发展速度迅猛,主要城市有布鲁日

---

[1] Vlaams一词所指的曾在低地地区南部使用的方言与现今在比利时荷兰语区使用的比利时荷兰语(Belgisch-Nederlands)为不同的概念,故中文翻译为"弗莱芒方言",以区别于现代称为"弗莱芒语"的标准荷兰语变体。

（Brugge）、根特和伊珀尔（Ieper）。低地地区南部也凭借羊毛加工业和布鲁日港口的重要地位成为当时欧洲最繁荣的地区之一。与之相伴的，是弗莱芒方言的兴盛。最直接的证据就是弗莱芒方言在 13 世纪荷兰语文学中占据主导地位。保存至今的《列那狐》（Van den vos Reynaerde）手抄本片段就是使用弗莱芒方言书写的（Willemyns 2013）。《列那狐》被认为是中古荷兰语文学的巅峰之作，弗莱芒方言在当时的影响力可见一斑。

13 世纪末，佛兰德伯爵在手工业者的支持下反抗法国国王的统治，弗莱芒地区（Vlaanderen）随之达到繁荣的顶点和衰落的开端。1384 年，勃艮第公爵菲利普二世（Filips de Stoute）通过联姻获得了佛兰德伯爵头衔，将弗莱芒地区收入囊中。1430 年，勃艮第公爵将行政所在地迁至布鲁塞尔（Brussel）。这一选择是经过深思熟虑的。在此之前，布拉班特地区（Brabant）已经凭借鲁汶（Leuven）的地理优势开始兴起。1425 年，低地地区的第一所大学在鲁汶建立，标志着这一地区进入文化快速发展阶段。此时的布鲁日、根特和伊珀尔已经因为在和英国的竞争中失利而失去了往日的荣光，安特卫普（Antwerpen）逐渐取代了布鲁日的重要港口地位（Donaldson 1983）。布拉班特地区因此在经济实力上几乎可以和低地地区南部匹敌（Willemyns 2013）。布拉班特方言也在 14—16 世纪的荷兰语文学中占有一席之地。需要说明的是，布拉班特方言并没有取代弗莱芒方言，而是成为可与之比肩的重要方言。这不仅体现在地区政治和经济局势中，更反映在文学作品中。14 世纪以布拉班特方言书写的骑士小说明显受到了弗莱芒方言的影响（De Vooys 1970）。

从 14 世纪开始，位于低地地区北部的荷兰地区加快了发展步伐。在政治方面，荷兰（Holland）、泽兰（Zeeland）、林堡（Limburg）、卢森堡（Luxemburg）等地在一系列政治联姻运作下被纳入勃艮第公爵菲利普三世（Filips de Goede）的统治版图。自此，现代荷兰语区的地理界线基本形成，其政治权力也在接下来的很长一段时间内保持相对集中的状态。在经济方面，乳制品、酿酒业和毛纺织业的兴起使得低地地区北部出现了出口富余产品和进口谷物的需求，间接推动了海运发展（Janssens &

Marynissen 2011）。低地地区北部的文学也因为经济的繁荣得以发展，诗歌和散文是这一时期的主要荷兰方言文学流派。同样，从 14 世纪开始，荷兰方言文学也受到弗莱芒方言和布拉班特方言的影响（De Vooys 1970）。

在低地地区社会语言能力的发展期，社会形态明显不同。随着民族大迁徙和政权更迭，低地地区南部和北部语言的自然边界被打破，低地地区的社会语言秩序进入被政治局势左右的新阶段。这一时期参与社会语言活动的主要成员可以分为三类：神职人员、贵族和中产阶级市民（burgers），他们拥有不同的语言使用习惯，且均在这一时期发生了重要转变。从参与书写的人群来看，12 世纪末至 13 世纪初，低地地区的经济开始快速发展，对商业规则和约束性文件的需求逐渐增强（Janssens & Marynissen 2011），由此，中产阶级市民加入了书面记录者的行列。

11 世纪下半叶之前，绝大多数文本都是以拉丁语书写的，包括以拉丁语记录的古荷兰语表达。可以说，使用拉丁语撰写行政类文件的传统在低地地区由来已久（De Vooys 1970）。因此，就写作时间而言，保存至今的非文学类荷兰语文本要晚于文学类荷兰语文本。就文本种类而言，从 12 世纪下半叶开始，随着中产阶级市民的生活逐渐富裕，他们对精神生活的需求也逐渐增长，低地地区开始出现以中古荷兰语撰写的文学作品。这种转变的重要性在于，不仅书写者和书写内容发生了变化，用来书写的语言也发生了变化。就书写文本所使用的语言而言，在 14 世纪下半叶的弗莱芒地区和布拉班特地区，荷兰语方言已经取代拉丁语，成为官方文件的书写语言（Willemyns 2013）。随着低地地区南部归入勃艮第王朝的统治，勃艮第贵族使用的法语开始发挥影响力，官方文件也开始使用法语书写。此时的贵族和中产阶级市民同时掌握荷兰语和法语（Donaldson 1983），弗莱芒方言也在一定程度上受到了法语的影响。在宗教方面，尽管拉丁语在教会的地位尚无可动摇（Mulder et al. 2008），但在教堂之外，中产阶级市民已经有机会接触用拉丁语以外的语言记录的、带有宗教性质的文字。例如，从 13 世纪开始，民间作家使用荷兰语创作带有宗教色彩的神秘主义散文，现代荷兰语中的很多宗教名词都源自这一时期（De Vooys 1970）。

必须说明的是，尽管中古荷兰语在这一时期的其他社会领域得到了更广泛的应用，但宗教、教育和学术领域仍然是拉丁语的专属领域。德西德里乌斯·伊拉斯谟（Desiderius Erasmus）被公认为中世纪低地地区最有影响力的学者之一，他的著作就是很好的证明。伊拉斯谟出生于荷兰（此处专指荷兰省，位于低地地区北部），但接受的是教会以拉丁语为主的教育，因此他的所有作品也几乎都是以拉丁语书写的。总而言之，这一时期的荷兰语，即中古荷兰语的各种方言及文字受到法语和拉丁语的双重影响。

1151—1500年，低地地区的社会语言秩序能够建立主要归功于政治局势相对稳定、经济繁荣和大城市的崛起。中产阶级市民的实用需求和精神追求使得使用中古荷兰语书写的文本大量出现，包括文学作品、带有宗教性质的文本和具有商业用途的约束性文件。在一些地区，中古荷兰语已经开始作为行政语言使用。在低地地区南部，这种情况因统治阶级主要使用法语受到一些影响，但整体而言，中古荷兰语在这一时期已经走到了低地地区语言舞台的中央。这一有利局面为现代荷兰语的诞生和社会语言能力的发展奠定了坚实的基础。需要说明的是，占据主流地位的中古荷兰语仍是一系列区域性语言的统称，因为"中世纪并没有孕育出一种真正的、超越地区限制的统一语言"（Janssens & Marynissen 2011：88）。

1.1.4　社会语言能力的发展期（1501—1829年）

在低地地区社会语言能力的发展期，主要影响因素包括低地地区南部和北部在政治和宗教上的分裂、低地地区北部经济的繁荣和文化的发展。这些社会因素使得低地地区居民对统一的语言的需求日益强烈，非官方或带有商业性质的语言规划开始出现。

15世纪末，出身于哈布斯堡王朝（Habsburgers）的马克西米利安一世（Maximiliaan I）通过与勃艮第女公爵玛丽（Maria van Bourgondië）联姻取得了低地地区的统治权。他的孙子查理五世（Karel V）又在1543年取得了海尔德公国（Hertogdom Gelre）的统治权。自此，低地地区十七省（Zeventien Provinciën）正式处于同一政权下，史称"哈布斯堡时期"（Habsburgse Nederlanden）或"西班牙时期"（Spaanse Nederlanden）。1549年，查理五世继承了祖父的神圣罗马帝国皇帝头衔，并颁布国事诏书（Pragmatieke Sanctie），明确了低地地区十七省需要作为一个整体被继承下去。但是，好景不长。1556年，西班牙国王腓力二世（Filips II）从退位的父亲查理五世手中继承了西班牙和低地地区十七省，并选择了西班牙作为其王座所在。腓力二世与此前在布鲁塞尔执政的勃艮第公国统治者有着极大不同。他不仅不懂法语和荷兰语，还在税收和宗教两方面向低地地区居民施加压力，最终导致低地地区发生动乱。1568年，低地地区十七省发动起义，八十年战争（Tachtigjarige Oorlog）正式打响，同时也标志着低地地区南部和北部逐渐分道扬镳。

政治上，尽管低地地区十七省共同起义反抗西班牙统治，但自1585年安特卫普失守（de val van Antwerpen）后，南部省份的归属已再无悬念。1648年，《威斯特伐利亚合约》[1]的签订使尼德兰联省共和国（de Republiek der Zeven Verenigde Nederlanden）的独立获得国际认可，现代荷兰与非荷兰语国家接壤的国界线基本成形。南部各省的统治权自此在哈布斯堡王朝和奥地利统治者之间辗转，最后被法国吞并。1815—1830年，南部省份曾短暂并入尼德兰联合王国（Verenigd Koninkrijk der Nederlanden），但随后即获独立，现代荷兰与比利时两国的分界线就此定形。[2] 在这一时期，低地地区北部，即现在被称为"荷兰"的地区，已经摆脱了外来贵族的长期统治，在政治上获得独立。刚建立不久的尼德兰联省共和国继续在语言上与此前的统治者划清界限。1582年，尼德兰联省共和国国会（Staten-Generaal）[3]将行政文件使用的语言从法语改为荷兰语（Van den Toorn et al.

---

1 本书附有附录"政策法规及条约名录"，故正文中引述政策法规及条约的内容时不再标注其参引信息。

2 1830年标志着现代荷兰国家语言治理范围的确定，即近代荷兰国家语言能力发展阶段的起点，故低地地区社会语言能力的发展期以1829年为止。因此，南部省份实际归属尼德兰联合王国的时间与本研究对荷兰语言能力发展时期的界定存在差异。

3 统一政治组织Staten-Generaal在不同历史时期承担的任务不同，因此此处的中译名为"国会"，在本书第89页中的中译名为"议政会"。

1997）。此举确立了荷兰语在尼德兰联省共和国的地位，但也增强了尼德兰联省共和国对统一的书写语言的需求。

经济上，低地地区北部同样开始崛起。事实上，15 世纪末的低地地区南部和北部在经济实力上大体相当。此前南部地区的衰落是相对自己的衰落，安特卫普仍然是低地地区的经济中心，鲁汶也凭借在低地地区最早建立的大学在国际上享有盛誉。因此，低地地区北部的崛起是一种追赶式的崛起（Mulder et al. 2008）。八十年战争打响后，低地地区南部和北部的分裂，特别是安特卫普的陷落使得大批商人和工匠逃往北部各省。低地地区南部的经济自此开始真正走向衰落，而摆脱了西班牙君主统治的北部则凭借自身的独立地位日益繁荣。从低地地区南部流入的各类人才为北部开创属于荷兰的黄金时代提供了强大动力。这些人才为尼德兰联省共和国带来的不仅有技术和经验，还有资本。荷兰东印度公司（Vereenigde Oost-Indische Compagnie）是荷兰黄金时代最著名的商业公司。在其创立资本中，近三分之一都是由从南部地区移居到此的商人带来的。

思想上，文艺复兴和人文主义的兴起以及新教在低地地区的发展是主要影响因素。圣像破坏运动（Beeldenstorm）在 1566 年开始席卷整个低地地区。但是，南部和北部对宗教改革（Reformatie）的接受程度大不相同。南部各省不但继续处于西班牙统治之下，在宗教领域也开始与已经独立的北部各省分道扬镳。独立后的尼德兰联省共和国继续在国内推行宗教改革，并将加尔文宗作为国教。南部则在西班牙天主教的统治下经历了反宗教改革运动（Contrareformatie）。受此影响，继大批商人和工匠因安特卫普被占领逃往北部之后，大批学者、艺术家和宗教人士也纷纷选择逃往思想更加自由的北部。以大学著称的南方城市鲁汶因此受到影响，发展陷入停滞状态。

自此，现代荷兰的国家版图基本成形且在未来很长一段时间内保持稳定。这为低地地区北部社会语言能力的快速发展提供了强劲的动力，也为荷兰国家语言能力的发展奠定了坚实的基础。除了对统一语言的政治需求，频繁的商贸往来和繁荣的文化生活也使得受教育程度较高的社会阶层在16世纪下半叶开始关注标准语的发展（Van den Toorn *et al.* 1997）。在北部继续繁荣、南部由盛转衰的大背景下，人才与资本的流动为此提供了绝佳条件。

1500年前后，荷兰语进入新荷兰语（Nieuwnederlands）时代。这一时期最主要的特点是标准化尝试的出现（Janssens & Marynissen 2011）。1450年前后，欧洲活铅字印刷术（boekdrukkunst met losse loden letters）在低地地区开始流行，图书的数量和流行程度大幅度增长。随之增强的是人们对标准语的需求，因为能被更多人理解的书面语意味着更大的市场。因此，这一时期的标准化首先是书写语言的标准化，主要反映在词典编纂以及拼写规则和语法规则的制定上。

语言的标准化尝试最先出现在低地地区南部，包括由科内利斯·吉利安（Cornelis Kiliaan）编纂的第一部拉丁语—荷兰语词典和由约斯·兰布莱赫特（Joos Lambrecht）编写的《荷兰语拼写》（*Nederlandsche spellijnghe*）。但是，随着低地地区南北分裂，大量学者和商人迁往北部，语言标准化的重心也开始向北部迁移。

中古荷兰语的拼写完全由发音决定，但中古荷兰语并非一种语言，而是多种方言的统称，因此不可能存在中古荷兰语拼写标准。进入16世纪后，人们更多地考虑拼写的"连续性和系统性"（Janssens & Marynissen 2011：114），一些学者开始尝试制定新荷兰语拼写规则。最具代表性的是由彭图斯·德·霍仪特（Pontus de Heuiter）编写的《荷兰语正字法》（*Nederduitse orthographie*）。德·霍仪特出生于低地地区北部的代尔夫特（Delft），但在南部和北部都生活或工作过，因此，他的正字法尝试将南部和北部的各种形式统一起来（De Vooys 1970）。

第一本尝试对中古荷兰语语法和拼写规则进行描述的著作是《对话、描述、概念和修辞术》（*Twe-spraack; Ruygh-bewerp; Kort begrip; Rederijck-kunst*），由亨德里克·劳伦茨·司彼格（Hendrick Laurensz Spiegel）编写。司彼格是阿姆斯特丹人，同时也是一位"修辞室"（rederijkerskamer）成员。"修辞室"是在中世纪末期开始流行的文学团体，以创作诗歌和剧本为主。荷兰著名剧作家约斯特·凡·德·冯德尔（Joost van den Vondel）就是一位黄金时代的"修辞室"成员，也是选择移居到低地地区北部的知识分子代表。《对话、描述、概念和修辞术》的特点是提倡语言的纯粹，即减少对法语和拉丁语外来词的使用。这种选择是对荷兰语本身的重视，也能满足当时受教育程度较高的社会阶级在政治和文化上的独立需求。因此，这部著作受到低地地区知识分子的热烈欢迎（Janssens & Marynissen 2011）。

以上语言标准化手段的共同点在于为知识分子的需求服务，具有非官方性质，背后没有南部贵族统治者或北部尼德兰联省共和国国会的支持。但是，这一情况很快发生了改变。这一时期之所以被称为"社会语言能力的发展期"而非"社会语言秩序的发展期"，关键在于荷兰语区内部的政治主体在这一时期开始参与语言规划，这一行为的契机是宗教改革。

1618年，尼德兰联省共和国国会为了结束共和国内部的宗教争议，召开了长达六个月的多德雷赫特会议（Synode van Dordrecht）。该会议的重要结论之一就是国会应下令对《圣经》进行全新的、忠实于原文的翻译，史称"国译"（Statenvertaling）。《国译圣经》（Statenbijbel）进一步推动了语言标准化，这主要体现在翻译者和审校者的选择方面。在六名翻译者中，两名来自弗里斯兰省（provincie Fryslân）、两名来自西佛兰德省（provincie West-Vlaanderen）、一名来自泽兰省、一名来自荷兰省，审校者同样来自低地地区的不同省份（Willemyns 2013）。由于《国译圣经》是为解决宗教争议服务的，因此其翻译过程充分考虑到南北部各省份之间的语言差异，力图使用一种"统一的语言"（Janssens & Marynissen 2011：121）进行表述。对于当时的尼德兰联省共和国来说，《国译圣经》不仅解决了宗教争议，更有力推动了国内乃至荷兰语区的语言标准化。此前的标准化尝试都是非官方的，影响力大多局限在知识分子群体中。而《国译圣经》在信奉新教的北部省份有着巨大的影响力，能够辐射到各个社会阶层。人们通过阅读和传颂采用统一语言形式的《国译圣经》，使其中的习语得到广泛接受和使用，从而形成良性循环，再度扩大了《国译圣经》的影响力。由于这一时期教育机构与教会关系紧密，《国译圣经》的影响力同时辐射到教育领域（De Vooys 1970），对语言标准化的贡献再上一层楼。

相比于17世纪如火如荼的标准化尝试，18世纪的尼德兰联省共和国并未在这条标准化道路上继续大步前进，反而裹足不前（Donaldson 1983）。一些语文学者（taalbouwers）尝试进一步完善荷兰语，另一些语言学家则试图总结这一时期的荷兰语语法规则。除此之外，这一时期的社会语言能力发展几乎陷入停滞状态，这与尼德兰联省共和国自1704年开始走向衰落是分不开的。事实上，这一变化也符合低地地区社会语言能力的发展规律。无论是新荷兰语的发展，还是相对统一的书写形式的出现，都和低地地区的发展同步。南部的相对繁荣和印刷技术的革新是语言标准化尝试出现的前提。随着南北分裂和北部崛起，大量商人、工匠和学者涌入北部，使得北部替代南部成为语言标准化发展的重镇。脱离了外来贵族统治的尼德兰联省共和国和宗教改革的推进使得统一的书写语言成为政治和宗教的双重需求，《国译圣经》由此诞生。至此，尼德兰联省共和国国会开始参与语言规划，与非官方学者一起推动社会语言能力的发展，但随着北部国力的衰落，这种发展逐渐停滞。

这一时期也为近代荷兰国家语言能力的发展埋下了伏笔。首先，南北分裂使现代荷兰和比利时的地理边界雏形初显。北部尼德兰联省共和国国会拉开了国家统一语言规划的大幕。其次，法国占领时期结束后，使用荷兰语的比利时法兰德斯大区（Vlaamse Gemeenschap）曾短暂归属于荷兰王国，这为日后跨国境的语言规划奠定了合作基础。

1.2　近代荷兰国家语言能力的发展

荷兰王国成立于1815年，成立之初的领土还包括现在的比利时。比利时独立于1830年。因此，从1830年开始，荷兰中央政府开展的所有语言规划活动都是现代荷兰国家语言能力建设的基础。1980年，荷兰和比利时两国政府签署了《荷兰语语言联盟协定》，规定由荷兰语语言联盟（Nederlandse Taalunie）负责荷兰语语言和文学发展、荷兰语使用、荷兰语语言和文学研究与推广等工作。自《荷兰语语言联盟协定》签订开始，作为跨境语言的荷兰语进入跨境治理阶段。因此，1830—1980年是近代荷兰国家语言能力的发展期，又可以细分为荷兰语言治理的自治期和跨境语言治理的探索期。

1.2.1　荷兰语言治理的自治期（1830—1945年）

荷兰在比利时脱离荷兰王国独立后并未立即大力进行语言能力建设。一方面，荷兰语是荷兰人民长期使用的语言，因此荷兰并不像比利时那样对语言治理有紧迫的需求。另一方面，17—18世纪的语言标准化已经促成了书面语的基本统一。这两个因素使得语言事务并未被荷兰中央政府视作重要的治理对象。不过，这并不能说明荷兰中央政府在语言治理方面毫无作为。荷兰中央政府在这一时期主要采取守成的态度，继续推进一些此前已经启动的项目。因此，尽管这一时期的荷兰已经成为主权国家，但并未大力进行国家语言能力建设，而是顺应此前的社会语言能力发展，并给予国家支持。

书写形式的相对统一是尼德兰联省共和国参与语言治理的成果。荷兰中央政府延续了这一工程，并将治理对象扩大到荷兰语口语。与荷兰语书面语一样，标准荷兰语口语得以推广的动力也来源于荷兰南荷兰省和北荷兰省的大城市中受教育程度较高的群体（如政治家、富商、学者等）。他们对"理想发音"（ideale uitspraak）有着较为统一的认知（Janssens & Marynissen 2011）。19世纪末，这种得到上流社会认可的口语被《语言和文学》（Taal en Letteren）期刊命名为"标准教养荷兰语"（Algemeen Beschaafd Nederlands）。1970年前后，社会语言学家认为"教养"一词不应作为语言标准的一部分，于是标准荷兰语口语从此改称为Algemeen Nederlands。需要说明的是，荷兰中央政府在这一时期并未就标准荷兰语口语的普及出台任何文件，而是通过教育立法进行推广。《义务教育法》

（1990年版）规定，6—12岁的儿童必须接受学校或家庭教育。[1]对儿童提出的教育义务旨在减少文盲数量，但也间接让学龄儿童有机会接触并掌握标准荷兰语口语。与此同时，荷兰中央政府还为教职人员提供了高质量的教育，以保证他们走上工作岗位之后，能够使用标准荷兰语口语教学（Janssens & Marynissen 2011）。得益于上述两项举措，标准荷兰语口语的使用开始从受教育程度较高的群体扩大到更广泛的群体。

荷兰中央政府还在已有拼写规则的基础上进行了拓展。1864年，马提亚斯·德·弗里斯（Matthias de Vries）和拉梅尔特·阿莱尔德·特·温科（Lamert Allard te Winkel）在荷兰中央政府的支持下，制定了荷兰语拼写规则《基础荷兰语拼写》（Donaldson 1983）。该拼写规则于19世纪70年代正式成为荷兰王国政府和教育机构必须遵守的规则（Janssens & Marynissen 2011），并在1883年成为官方拼写规则（Van den Toorn et al. 1997）。在此基础上，德·弗里斯和特·温科还共同编纂了《荷兰语词典》（Woordenboek der Nederlandsche Taal）。该词典由荷兰和比利时两国政府共同出资，于1882年出版第一部，于1992年出版第四十部，也是最后一部，成为世界上规模最大的词典（Willemyns 2013）。尽管这部词典并未在当时成为荷兰王国的语言治理工具之一，但标志着荷兰和比利时法兰德斯大区已经在语言治理领域从比利时独立初时的割裂走向合作。

1.2.2　跨境语言治理的探索期（1946—1980年）

1946年，荷兰和比利时签订了《荷兰王国和比利时王国关于文化和学术关系的协定》（下文简称《荷兰—比利时文化协定》）[2]，这对荷兰的国家语言能力建设有两方面的重要意义。首先，《荷兰—比利时文化协定》

---

[1] 荷兰中央政府官网，教育、文化和科学部历史简介，https://www.rijksoverheid.nl/ministeries/ministerie-van-onderwijs-cultuur-en-wetenschap/organisatie/geschiedenis#:~:text=Op%201%20januari%201901%20is,en%20de%20medezeggenschap%20wettelijk%20geregeld（2021年12月15日读取）。

[2] 比利时学者在文献中记录的是《比利时—荷兰文化协定》。

正式开启了荷兰和比利时跨境语言治理合作的新篇章。1927年，两国曾签订过一份《荷兰和比利时关于重启学术交往的协定》，但因未得到双方政府的重视而无法顺利实施。《荷兰—比利时文化协定》的成功签订和获批为后续两国政府在语言和文化方面的合作奠定了基础。其次，《荷兰—比利时文化协定》为两国政府将语言事务纳入跨国合作考量范围提供了契机。《荷兰—比利时文化协定》主要对科学领域的合作和文化交往作出规定（Steen 2001），并未明确说明缔约双方将就语言事务开展何种合作。在《荷兰—比利时文化协定》起草、签署和获批的过程中，两国先后出台了关于官方拼写规则的法律：比利时《拼写决议》和荷兰《正字法》（De Röoîj & Haeseryn 1985）。两国还在1958年签订了一份专门针对拼写规则的补充协议（Vandaele et al. 2016）。因此，《荷兰—比利时文化协定》是荷兰和比利时在跨国语言事务管理方面开展官方合作的开端，也为《荷兰语语言联盟协定》的签署铺平了道路。

跨境语言治理之所以能够实现，得益于荷兰和比利时法兰德斯大区共同的文化和历史传承，而双方之所以能够从比利时独立初时的割裂发展到官方合作，是因为民间交往为此提供了契机。早在比利时独立之初，两国学者就积极合作，共同推动荷兰语的发展。第一届"荷兰语语言学和文学大会"（Nederlandsche Taal- en Letterkundige Congressen）于1849年举办；在1912年，第三十二届"荷兰语语言学和文学大会"举办，亦是更名前的最后一届大会。该会议委员会成员既有荷兰王国的学者，也有比利时法兰德斯大区的学者，这为跨境荷兰语治理奠定了学术基础。《荷兰语词典》的编纂者之一德·弗里斯曾任会议委员会主席（De Vooys 1970）。1912年后，该会议几易其名。"荷兰语语言学和文学大会"委员会后改组为通用荷兰语联合会（Algemeen-Nederlands Verbond），参与推动了荷兰语语言联盟的建立。

1980年是荷兰现代国家语言能力建设的起点。这一年，荷兰和比利时共同签订了《荷兰语语言联盟协定》，为荷兰语教育、标准化以及荷兰语语言文学在荷兰语区外的推广建立了专门的组织。法兰德斯大区在比利时享有语言事务自治权，荷兰则为荷兰王国的构成国之一。两者在地理位置上比邻而居，在历史上联系密切，在文化上又使用同一种语言，因此在上述领域开展合作可谓事半功倍。

1.3　荷兰国家语言能力历史小结

1815 年，荷兰王国正式从法国的占领中独立。1830 年，比利时脱离荷兰王国独立。荷兰作为荷兰王国构成国之一，进入拥有自治主权且领土范围保持长期稳定的阶段，也正式开启了由政府主导的国家语言能力建设。因此，1830 年是一道分水岭。此前，尚不构成主权国家的低地地区辗转于多个欧洲政权统治下，经历了社会语言秩序逐渐建立和社会语言能力发展的多个阶段。此后，荷兰作为主权国家开始探索语言自治和跨境语言治理，最终形成了与比利时法兰德斯大区合作进行部分语言事务治理与语言自治相结合的建设基础。

低地地区古代社会语言能力的发展主要经历了四个时期。社会语言秩序建立前的黎明期，是日耳曼语逐渐确立主流地位和各方言在民族融合的刺激下持续发展的时期，距离荷兰语的雏形出现尚有一段距离。在社会语言秩序的孕育期，古荷兰语开始出现。除原始的日耳曼语根基外，拉丁语和古法语也对古荷兰语的发展产生了影响。但是，由于文字记录主要依赖拉丁字母且古荷兰语的使用主要停留在口头交流，社会语言秩序尚不十分明晰。在社会语言秩序的建立期，由于政治局势相对稳定以及低地地区南部手工业和商业的崛起，中古荷兰语开始广泛应用于商业规则和约束性文件、行政类文件、文学作品等的书写中。尽管中古荷兰语仍然是一系列在这一时期广泛使用的方言的统称，但已经在低地地区占据了相对牢固的地位，为下一时期社会语言能力的发展奠定了坚实的基础。1501—1829 年是低地地区社会语言能力从无到有的发展期。在这一时期，现代荷兰所在的地区完成了从外来贵族统治到独立自治的政治转变。荷兰语区也出现了与现今国界线接近的南北分裂，对统一、标准的语言的需求开始出现。于是一些学者开始进行语言标准化尝试，荷兰中央政府也逐渐参与到语言事务中，开启了语言自治的新篇章。

总体来看，荷兰在语言治理过程中有倚重学术研究和跨国合作的传统。一方面，无论是拼写标准和语法规则制定，还是词典编纂，最初都由语言学家自发研究。王国政府参与后，更多通过提供资金和立法保障的方式推进。另一方面，《荷兰语语言联盟协定》的签署标志着跨境语言治理机构已经成形。荷兰中央政府参与其中，保证机构的合法性，而两国学者搭建的跨国交流平台也因该机构的创立得以延续。可以说，荷兰现代国家语言能力建设有着坚实的基础。

文秋芳（2019）认为，国家语言能力由三部分组成：国家语言治理能力（下文简称"治理能力"）、国家语言核心能力（下文简称"核心能力"）和国家语言战略能力（下文简称"战略能力"）。三部分形成一个稳定的三角形，其中治理能力位于顶端，具有全局性和统领性的特点，核心能力和战略能力位于三角形的底部两端。核心能力是战略能力发展的前提，战略能力对核心能力建设具有促进作用。治理能力可再分为三个维度：国家语言治理机构体系构建、国家语言规划制定与实施、国家语言生活研究与交流，通过完整性、协调度和执行力三个指标进行衡量。核心能力则涵盖四个维度：国家通用语普及、国家通用语规范使用、国家语言智能化、国家语言和谐生活建设，评价指标为政策力、实践力和绩效力。国家外语教育、国家通用语国际拓展、国家对外话语表述和国家语言人才资源掌控是战略能力的组成部分，评价指标为覆盖面、科学性和影响力。在对荷兰国家语言能力建设的历史进行回顾之后，本书将根据文秋芳（2019）的国家语言能力构成新框架及评价指标，对现代荷兰国家语言治理能力、核心能力和战略能力进行系统研究。

第二章
荷兰国家语言治理能力建设

文秋芳（2019）提出，国家语言治理能力是国家语言能力三类分项能力中发挥指导作用的重要能力，涵盖国家语言治理机构体系构建、国家语言规划制定与实施、国家语言生活研究与交流三个维度。国家语言治理能力又可以通过完整性、协调度和执行力三个指标进行分析和评价。

2.1 荷兰国家语言治理机构体系构建

国家语言治理能力是指"政府运用语言处理国内外两类事务的效力和效率，具有全局性和统领性特点"（文秋芳 2019：61），而国家语言治理机构体系又是这种效力和效率的保障。因此，参与国家语言治理的机构应该具备以下特征：是政府机构或由政府机构赋予相应治理权力，各机构之间存在协同机制且由此类机构发布的相关治理文件具有效力。

荷兰国家语言治理机构体系分为国家通用语言治理主体系和区域通用语言治理子体系两个层次。前者负责荷兰语（国家通用语）的治理，后者则负责弗里斯语（荷兰区域通用语）的治理。首先，荷兰语和弗里斯语在使用范围上有较大差异，因此参与两种语言治理的机构在层次上也有较大差异。其次，弗里斯语的区域通用语地位受荷兰法律保护，因此不能将参与弗里斯语治理的机构排除在荷兰国家语言治理机构体系之外。荷兰国家通用语言治理主体系可再细分为不同层次。荷兰语是荷兰的全国性通用语言，由中央政府及隶属其下的官方团体参与治理最为合适。除此之外，荷兰语也是比利时的官方语言之一，且荷兰、比利时两国不仅相邻，还在语言文化方面有着极深的渊源。[1]因此，两国在荷兰语区层面合作紧密，并设立了跨国语言治理机构，因其性质特殊，需要单独作为荷兰语区层次进行讨论。最后，荷兰是欧洲联盟（European Union，下文简称"欧盟"）成员国，荷兰语也是欧盟 24 种官方语言之一。欧盟在超国家层次上进行的语言治理可以为荷兰中央政府提供参考和政策依据。仅就治理层次这一点而言，荷兰国家语言治理机构体系具有较强的完整性，但是否具备上下联动的能力，还有待进一步研究。

2.1.1　全国性语言治理机构：荷兰中央政府

荷兰国家通用语言治理主体系具有参与治理的机构覆盖面广的特点。

荷兰语既是荷兰的全国性通用语言，又是比利时的官方语言之一，因此，荷兰中央政府选择与比利时政府合作完成一部分与语言本体相关的语言治理工作（如通用语的推广和标准化等）。荷兰语语言联盟由此诞生并成为荷兰语区最重要的语言治理机构。因荷兰语语言联盟性质特殊，本书将在 2.1.2 节中将其作为荷兰语区语言治理机构单独讨论。荷兰通过国际合作完成部分语言治理工作，体现了荷兰中央政府看待语言事务的态度：不只将荷兰语放在国界线之内进行思考，更要放眼国际，寻求合作力量。参与荷兰语语言事务治理的机构也因此具有覆盖面广的特点。

荷兰国内参与语言治理的机构大体上可以分为两类：政府机构和非政府机构。前者主要是中央政府下属各部，而后者则多为受政府部门委托或授权提供建议的学术机构或调查机构。

从参与荷兰语语言治理的政府机构来看，荷兰不仅将语言事务视为

---

[1] 见本书第一章。

国家行政事务、教育事务，还将其视作经济事务、国际事务的一部分。荷兰教育、文化和科学部（Ministerie van Onderwijs, Cultuur en Wetenschap），还有荷兰内政及王国关系部（Ministerie van Binnenlandse Zaken en Koninkrijksrelaties）、荷兰经济事务和气候部（Ministerie van Economische Zaken en Klimaat）及荷兰外交部（Ministerie van Buitenlandse Zaken）等，都参与语言事务的管理和相关政策的制定。2019年，荷兰经济事务和气候部发布了《荷兰长期发展计划》，对语言对于经济事务的意义作了如下说明：在过去几年的国际（教育）排名中，荷兰的位次有所下滑；荷兰学生在算术、语言等多个领域的表现有所退步。此外，语言还对成年人的经济活动产生了重要影响：许多（失业的）人由于（荷兰语）语言能力达不到社会平均水平，无法重新寻找劳动机会。由此可见，荷兰政府机构更多地从实用角度出发，在政策层面发现和解决语言治理过程中存在的问题。

非政府机构主要包括荷兰国家统计局（Centraal Bureau voor de Statistiek）、荷兰社会和文化规划局（Sociaal en Cultureel Planbureau）、荷兰科学研究院（Nederlandse Organisatie voor Wetenschappelijk Onderzoek）和荷兰皇家科学院（Koninklijke Nederlandse Akademie van Wetenschappen）。它们的共同点是无论是否直接受中央政府资助，均享有独立性。例如，荷兰国家统计局的独立性由《国家统计局法》保障。但是，这些非政府机构可以接受中央政府部门的委托，对关系到语言治理的一系列问题或某一政策的推进效果进行调查。在这一过程中，发挥核心作用的是隶属荷兰皇家科学院的默滕斯研究所（Meertens Instituut）。该研究所致力于通过高水平的学术研究助力荷兰语语言和文化的发展。同样隶属荷兰皇家科学院的弗里斯语学会（Fryske Akademy）则在荷兰区域通用语言治理子体系中扮演着相似的角色。[1] 以上政府机构和非政府机构在荷兰国家通用语言治理主体系中所起的作用，将在后续内容中具体说明。

1　见本书 2.1.4 节。

就荷兰国内的语言治理机构体系结构而言，政府机构与非政府机构共同参与语言治理的优点是显而易见的。具有针对性的统计和学术研究可以保证政策的提出有理有据，语言问题也更容易得到有针对性的解决。另外，非政府机构具有独立性，可以选择对既有政策展开研究。研究目的包括确定政策的成效、发现规划层面或执行层面可能存在的问题等。此外，政府机构和非政府机构的关注点不同，可以提升荷兰语语言治理主体的完整性。例如，荷兰外交部参与语言治理时会更多地关注荷兰语在国际上的地位及其推广问题，而荷兰科学研究院则主要关注如何通过科学研究推动荷兰语发展。但是，这种优势也给整个体系的协调性带来一定挑战。荷兰国家通用语言治理主体系能否应对此种挑战，将在后续内容中分析。

2.1.2 荷兰语区语言治理机构：荷兰语语言联盟

荷兰语语言联盟是荷兰国家语言治理机构体系中最核心的机构。

荷兰语语言联盟是《联合国条约丛书》登记在册的正式国际组织。自建立之初，荷兰语语言联盟就是荷兰和比利时共同承认并支持的语言治理机构。1982年《荷兰语语言联盟协定》生效时，其条款仅适用于荷兰王国位于西欧的构成国（即荷兰本土）和比利时法兰德斯大区（即比利时荷兰语区）。自2013年起，其适用范围扩展至荷兰王国位于加勒比海地区的自治市博奈尔岛（Bonaire）、萨巴岛（Saba）和圣尤斯特歇斯岛（Sint Eustatius）。自2003年起，苏里南共和国通过合作协议成为参与荷兰语语言联盟事务的国家。荷兰王国的其余三个构成国阿鲁巴、荷属圣马丁和库拉索则通过框架协议参与荷兰语语言联盟事务。荷兰中央政府牵头成立荷兰语语言联盟，参与其事务管理并推动其扩大影响力，这本身就是荷兰国家语言治理能力的体现。此外，《荷兰语语言联盟协定》的签订保证了荷兰语语言联盟治理行为的合法性，由荷兰语语言联盟发布的治理文件在该协定的缔约国具备治理效力，保障了荷兰语语言联盟的执行力。需要说明的是，荷兰中央政府并非荷兰语语言联盟的唯一主导者，其他缔约国政府同样享有相应的权力，但这并不意味着荷兰语语言联盟不属于荷兰国家语言治理机构体系。荷兰语语言联盟是政府赋予其相应治理能力的机构，因此符合文秋芳（2019）关于国家语言治理机构体系的论述。鉴于本书主要关注荷兰国家语言能力，故着重对荷兰中央政府在其中所扮演的角色进行分析，涉及其他国家政府的内容将不作进一步讨论。

  荷兰语语言联盟包括四个常设机构。部长委员会（Comité van Ministers）由荷兰教育、文化和科学部部长（minister van Onderwijs, Cultuur en Wetenschap），负责荷兰初等和中等教育及媒体事务的部长（minister van Basis- en Voortgezet Onderwijs en Media），比利时法兰德斯大区外交、文化、信息通信技术和设备管理部部长（Vlaams minister van Buitenlandse Zaken, Cultuur, Digitalisering en Facilitair Management），比利时法兰德斯大区教育、体育、动物福利及法兰德斯边缘区事务部部长（Vlaams minister van Onderwijs, Sport, Dierenwelzijn en Vlaamse Rand）组成，是荷兰语语言联盟的重要决策部门。跨国议员委员会（Interparlementaire Commissie）由11位荷兰议会一院（Eerste Kamer）或二院（Tweede Kamer）议员和11位比利时法兰德斯大区议会（Vlaams Parlement）议员组成，对荷兰语语言联盟行使监管职能。跨国议员委员会与部长委员会每两年换届一次。若部长委员会主席为荷兰教育、文化和科学部部长，则跨国议员委员会主席由比利时法兰德斯大区议会议员担任，反之亦然。荷兰语语言和文学委员会（Raad voor de Nederlandse Taal en Letteren）由各相关领域专家和知名荷兰语使用者组成，负责就各项起草中的政策和决议向部长委员会提出建议。常设秘书处（Algemeen Secretariaat）则是荷兰语语言联盟的实际职能部门，负责各项决议的起草和实施。

  荷兰语语言联盟有五项使命：荷兰语标准化、处理荷兰语与方言和其他语言的关系、荷兰语区内部荷兰语教育[1]、荷兰语区外部荷兰语教育、荷兰语语言与文化国际推广。除国家语言治理能力外，这五项使命还涵盖了

---

[1] 本章所讨论的荷兰语教育，专指在荷兰语区内部、以荷兰语为母语或母语之一的荷兰语教育。

国家语言核心能力中国家通用语规范使用、国家通用语普及和国家语言和谐生活建设三个维度，以及国家语言战略能力中国家通用语国际拓展和国家对外话语表述两个维度，证明了荷兰语言联盟是荷兰国家语言治理机构体系不可或缺的组成部分。

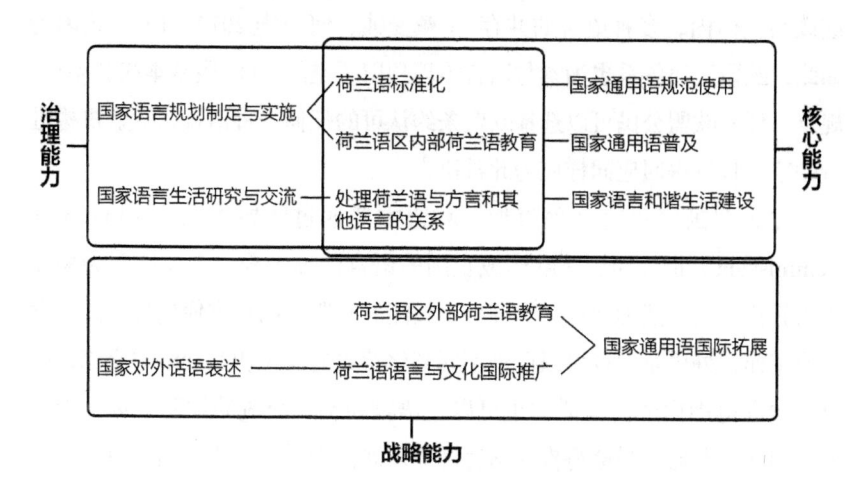

图 2.1　荷兰语语言联盟五项使命与国家语言能力构成新框架的互动关系

首先，荷兰语语言联盟在荷兰语区实现了横向贯通，即在国家（或地区）政府层面达成合作，共同就某种语言的治理进行磋商。其次，荷兰语语言联盟的政策来自学者、研究人员和作家等专业文字工作者，由分管教育、文化、外交、科学和体育等领域事务的官员负责决策，最终由专门的常设机构负责执行。这使得发布的政策具有覆盖面广、基础扎实的特点。最后，荷兰语语言联盟基于多国之间的条约建立，因此其政策能够在整个荷兰语区发挥效力，铺设了一条跨越国境的荷兰语发展道路。

2.1.3　超国家语言治理机构：欧洲国际组织

除了全国性语言治理机构和荷兰语区语言治理机构两个层次，欧洲国际组织作为超国家语言治理机构参与荷兰语语言治理。

荷兰和比利时同为欧洲共同体（欧盟前身）的创始成员国，荷兰语自1958年欧洲经济共同体成立时即成为其官方语言之一。欧盟将多语主义视为基本立场之一，并将其界定为"社会、机构、群体或个人在每天的生活中经常使用一种以上语言的能力；亦指在一个地理区域、政治地理区域或政治实体内，多种语言的共存"（戴曼纯、何山华 2017：10）。正因为如此，欧盟法律体系也为参与语言治理预留了空间。《欧盟基本权利宪章》规定，任一欧盟公民可以选择欧盟条约认可的任何一种语言与欧盟机构进行联络，且所得回应同样应为此种语言。

作为超国家语言治理机构，欧盟主要通过欧盟委员会（European Commission）指导和影响欧盟成员国的语言治理工程，主要体现为关注外语教育和语言能力建设。掌握外语技能的欧盟公民更方便到另一国家学习或工作，外语学习也可以促进不同文化背景的公民相互理解与交流，同时，欧洲范围内的商业活动也可以在语言和文化交流的推动下进一步开展。因此，欧盟委员会将推动语言产业发展视为重要的语言治理事务。语言产业包括口译、笔译、语言教育、语言技术等。

此外，欧洲国际组织还参与区域和少数民族语言治理。例如，欧洲委员会（Council of Europe）的《欧洲区域或少数民族语言宪章》和欧洲理事会（The European Council）的《欧洲保护少数民族框架公约》为弗里斯语的合法地位提供了保障。[1]

2.1.4　地区性语言治理机构：弗里斯兰省政府

弗里斯语是弗里斯兰省[2]的通用语言。2014年1月1日起，《弗里斯语使用法》正式生效，不仅确立了弗里斯语作为区域和少数民族语言的地位，也规定了弗里斯语语言治理的权力和责任归属。荷兰中央政府与弗里斯兰省政府共同承担保护弗里斯语语言和文化的责任。《弗里斯语使用法》

1　见本书2.1.4节和2.2.3节。
2　弗里斯兰省是弗里斯民族在荷兰的主要居住地，该民族有自己的语言、文化、体育运动和旗帜。

同时规定，国际公约可以在涉及行政事务语言使用和司法事务语言使用之外的其他使用弗里斯语的领域发挥效用。

参与弗里斯语语言治理的各级语言治理机构主要通过行政协定（bestuursafspraak/bestjoersôfspraak）或国际合作协议（internationale verdrag/afspraken）实现协作。荷兰中央政府与弗里斯兰省政府每五年签订一份《弗里斯语言和文化治理协定》。其中，荷兰中央政府一方代表为荷兰内政及王国关系部部长（minister van Binnenlandse Zaken en Koninkrijksrelaties），荷兰司法和安全部部长（minister van Justitie en Veiligheid），荷兰教育、文化和科学部部长，负责荷兰初等和中等教育及媒体事务的部长。该治理协定最重要的目标是保证弗里斯兰省居民在教育、司法、媒体和文化等领域使用弗里斯语的权利不仅仅停留在法律条例这一纸面形式上，而是成为生活中的自然选择。

2.1.4.1 弗里斯兰省政府：语言（环境）的创造者

在弗里斯语的语言治理体系中，弗里斯兰省政府将自己界定为"语言（环境）的创造者"（Taalschipper/Taalskipper）。换言之，弗里斯兰省政府选择将主要精力放在指导和协调各级语言治理机构上。弗里斯兰省政府通过《弗里斯语言和文化治理协定》与荷兰中央政府约定大中小学教育、公共文化、司法和公共事务、媒体等领域待投入的资源或待达成的目标。荷兰在市政层面上主要采用去中心化（decentralisatie）的执政理念。因此，各类任务的实际执行人是弗里斯兰省治下的各市政机构（gemeenten），这些市政机构可以获得弗里斯兰省政府和荷兰中央政府提供的各类资源。

2.1.4.2 荷兰中央政府：政策和资源的协调者

荷兰中央政府在弗里斯语的语言治理体系中扮演着承上启下的协调者角色。弗里斯语与荷兰语最主要的区别在于，弗里斯语仅在弗里斯兰省内广泛使用。此外，弗里斯语是少数民族语言，在社会生活领域的使用受制于全国通用语和其他语言。因此，荷兰中央政府上承欧洲委员会和欧洲理事会为保护少数民族语言颁布的政策，下启与弗里斯兰省政府的合作，为制定符合荷兰国情和弗里斯语使用情况的语言政策提供助力。

2.1.4.3　弗里斯兰省治下各市政机构：语言政策的实际制定者

《弗里斯语使用法》规定，弗里斯兰省治下的各市政机构可以对弗里斯语的书面和口头使用作出规定。《弗里斯语言和文化治理协定》也规定，市政机构应该在符合《弗里斯语使用法》规定的范围内，制定弗里斯语言政策。现行的《弗里斯语言和文化治理协定》有效期为2019—2023年。弗里斯兰省政府为了鼓励各市政机构在2023年前制定出切实的语言政策，在2017年推出了一项激励政策，名为"共同为弗里斯语努力"（Mei-inoar foar it Frysk）。符合条件的市政机构可以向弗里斯兰省政府申请补贴，用于制定符合自身情况的弗里斯语语言政策。该项补贴于2020年终止申请。截止到2020年10月，弗里斯兰省18个市政机构中已经有13个制定了相应的语言政策。

2.1.4.4　欧洲地区性国际组织：弗里斯语语言治理合法性的支持者

弗里斯语的合法地位除受到《弗里斯语使用法》保护以外，还得到《欧洲区域或少数民族语言宪章》认证。为了保护欧洲的文化多样性，签署该宪章的欧洲国家有责任保护本国官方语言之外的区域或少数民族语言。该宪章于1992年在欧洲委员会的支持下通过。同样，弗里斯语在荷兰的地位还受到欧洲理事会《欧洲保护少数民族框架公约》的保护。由此可见，作为欧洲地区性国际组织，欧洲理事会和欧洲委员会在弗里斯语语言治理体系中扮演着为治理行为提供合法性基础的角色。

2.1.4.5　非政府机构：政策建议的提供者

除政府机构外，由政府资助的非政府机构也参与弗里斯语的语言治理工作。这些机构或直接服务于中央政府部门，或通过高水平的学术研究推动弗里斯语的使用和发展。

根据《弗里斯语使用法》相关规定成立的弗里斯语语言组织（Orgaan voor de Friese taal）"集思时刻"（DINGtiid）是直接服务于荷兰内政及王国关系部的咨询机构。"集思时刻"这一名称的由来与其使命息息相关。Ding 是古日耳曼语单词，本义指为平息争议或解决问题而召开的集会。集思时刻所使用的 DING 的意义更具包容性，即只要当前的话题值得讨论，无论是政治家、专家，还是普通市民，都能得到参与讨论的机会，而现在正是组织这样的讨论会的最佳时刻（tiid 在弗里斯语中表示"时间"），集思时刻因此而得名。由此可见，集思时刻作为专门为推广弗里斯语而成立的非政府机构，其主要任务并非通过严谨的学术研究产出政策建议，而是将弗里斯语语言治理的政策制定者、最终获益者、效果观察者等不同群体聚集起来，剖析语言治理过程中遇到的问题与挑战。

荷兰皇家科学院，特别是其下属的弗里斯语学会，选择了一条与集思时刻不同的道路。该学会主要通过符合学术规范的针对性研究推动弗里斯语发展。弗里斯语学会成立于 1938 年，一直致力于保护弗里斯兰与弗里斯语这两个对弗里斯民族影响深远的标签，并以此为动力开展与弗里斯语语言、历史和文化相关的学术研究。

弗里斯语语言治理体系有三个显著特点。第一，参与语言治理的机构覆盖面广，从最低一级的市政机构到最高一级的欧洲委员会和欧洲理事会，都在不同程度上参与或支持弗里斯语的语言治理工程。这与弗里斯语作为少数民族语言受到保护的特性密不可分，也是弗里斯语与荷兰语的治理体系可能存在差异的地方。第二，受政府支持或由政府授权的非政府机构亦在弗里斯语语言治理体系中占有一席之地，这体现了荷兰国家语言能力建设的一个重要思路，即实证研究应在国家语言能力建设过程中发挥重要作用。这一点也将在后续内容中进一步论述。第三，尽管治理机构分布在不同治理层级和领域，但彼此并不脱节，而是能够在各自关心的问题上进行合作。例如，弗里斯兰省政府和荷兰中央政府在《弗里斯语言和文化治理协定》框架内进行合作，而后者又作为缔约国政府需要履行《欧洲保护少数民族框架公约》规定的义务，这体现了弗里斯语语言治理体系的协调性。

虽然弗里斯语语言治理体系特点鲜明，组织机构也比较清晰，但仍存在两点不足。其一是单一负责机构的缺失。在弗里斯语语言治理体系中，并不存在一个为弗里斯语语言规划承担全部责任的政府机构。荷兰中央政府负责协调语言治理所需的政策和资源，弗里斯兰省政府负责创造适合弗里斯语发展的语言环境，市政机构则根据实际需要为所辖区域制定具体语言规划。但如此一来，责任的分散也有可能导致政策重点无法得到足够的关注或者宏观规划无法有效落地。这一问题将在下文进一步讨论。其二是荷兰中央政府的参与度较低，这也引起了中央政府和语言政策专家的注意。集思时刻曾在2018年和2019年连续两年受到荷兰内政及王国关系部部长委托，对弗里斯语的语言使用情况进行针对性调查。这两次调查的最突出结论就是"白纸黑字写明的弗里斯语使用政策根本不存在"。[1]因此，专家建议荷兰中央政府在弗里斯语言治理中承担更多责任。

从参与语言治理的政府机构类型来看，弗里斯语语言治理体系可以说是荷兰语言治理体系的缩影。从作为最低一级正式行政单位的市政机构到参与治理的最高一级机构欧洲委员会、欧洲理事会，弗里斯语语言治理是一项多层次、多部门协作的工程。

2.2　荷兰国家语言规划制定与实施

国家语言规划制定与实施考察的是"政府对国家语言事务治理是否有系统的计划和落实措施"（文秋芳 2019：62）。荷兰国家语言治理的独特之处在于治理层次和治理体系结构的复杂性。首先，荷兰国家语言治理对象是作为国家通用语的荷兰语和作为区域通用语的弗里斯语。其次，荷兰中央政府选择与荷兰语区的其他国家共享部分治理权限，使得荷兰语治理

---

[1] 荷兰弗里斯兰省电视台网站，弗里斯语语言政策应该由中央政府机构制定，https://www.omropfryslan.nl/nieuws/943968-fries-taalbeleid-kan-beter-bij-rijksuitvoeringsorganisaties（2022年4月19日读取）。

工作具有跨境的特点。因此，对荷兰国家语言规划制定与实施的分析应该将此种复杂性纳入考量范围，分别对荷兰中央政府独立制定与实施的荷兰语语言规划、荷兰中央政府参与制定与实施的荷兰语语言规划、荷兰中央政府受益的超国家语言规划，以及荷兰中央政府牵头制定的弗里斯语语言规划进行讨论。

2.2.1　荷兰中央政府独立制定与实施的荷兰语语言规划

荷兰中央政府通过法律及政策、补贴资助或公益宣传等形式独立制定与实施荷兰语语言规划。

2.2.1.1　法律及政策

就荷兰语在各个社会领域的使用，现行的荷兰法律体系作出了一些规定，但覆盖范围相对有限，且比较分散。《通行行政权法》规定荷兰语是荷兰中央政府处理行政事务时使用的语言。《初等教育法》和《中等教育法》[1]规定荷兰语是荷兰初等教育（primair onderwijs）和中等教育（voortgezet onderwijs）中使用的语言。《2008年媒体法》[2]规定荷兰语是荷兰公共电视台及广播电台使用的语言。需要说明的是，虽然以上法律对荷兰语的使用作出了规定，但也为因特殊情况而选用其他语言留有余地。例如，《2008年媒体法》规定，全国和地方公共媒体应保证在其电视频道的播出时间内提供不少于50%的荷兰语或弗里斯语原版媒体内容。因此，公共媒体可以选择播出一部分使用其他语言录制的原版内容，这在一定程度上创造了便捷的外语学习环境，也是荷兰人整体英语水平位居欧盟前列的原因之一。但是，这种做法是否会影响荷兰语的国家通用语地位，是一个需要深入分析的问题，并将在本书第三章得到解答。

1　《中等教育法》前身为1963年颁布的"中等教育规定"（regeling van het voortgezet onderwijs）。
2　《2008年媒体法》指2008年颁布、2009年生效的新媒体法，即名为"新媒体法的确立"（vaststelling van een nieuwe Mediawet）的法律文件。

语言教育是语言规划的重要组成部分。《初等教育法》《中等教育法》和《高等教育和科学研究法》[1]分别对荷兰语在各个教育领域的使用作出了规定。此外，荷兰中央政府还通过荷兰教育、文化和科学部对各个教育阶段的学生应具备的荷兰语水平提出了要求。荷兰国家教学计划发展中心（Nationaal Expertisecentrum Leerplanontwikkeling）是隶属荷兰教育、文化和科学部的全国性组织，为初等、中等和特殊教育的课程规划提供专业建议。2009年，荷兰国家教学计划发展中心受荷兰教育、文化和科学部委托，制定了《语言和计算水平统一教育参考框架》（下文简称"《教育参考框架》"）。《教育参考框架》分为口语、阅读、写作和语言素养四个方面，贯穿初等教育至中等教育全过程，涵盖两个教育阶段、三种教育形式。

为了分析《教育参考框架》的规定，必须先理解荷兰教育体系（见图2.2）。荷兰《义务教育法》规定，居住在荷兰的5—16岁儿童必须接受义务教育。义务教育的第一等级是初等教育，受教育年龄一般为4—12岁。[2] 完成初等教育的学生需要参加全国统一初等教育毕业考试（Centrale Eindtoets，也称Cito-toets）。根据考试成绩和初等教育阶段学校的推荐意见，学生可选择更高一级的教育机构，包括一般高级中等教育（hoger algemeen voortgezet onderwijs，下文简称havo）、中等职业预备教育（voorbereidend middelbaar beroepsonderwijs，下文简称vmbo）和学术预备教育（voorbereidend wetenschappelijk onderwijs，下文简称vwo）。其中，一般高级中等教育对全国统一初等教育毕业考试成绩及学校推荐等级要求最低，学制4年，受教育年龄为12—16岁。学生毕业后可以选择进入中等职业教育（middelbaar beroepsonderwijs，下文简称mbo）或高等职业教育（hoger beroepsonderwijs，下文简称hbo）。中等职业预备教育与一般高级中等教育同为中等教育形式，学制4年，受教育年龄为12—16岁。完成学业的学生可以选择继续接受高等职业教育或继续进修成为学术预备

---

[1]《高等教育和科学研究法》前身为1992年颁布的"关于高等教育和科学研究之通行规定"（houdende bepalingen met betrekking tot het hoger onderwijs en wetenschappelijk onderzoek）。

[2] 荷兰儿童可以从4岁起在小学就读，但4—5岁为非义务教育阶段，不具有强制性。

教育机构的学生。学术预备教育是对全国统一初等教育毕业考试成绩及学校推荐等级要求最高的中等教育形式，学制 6 年，受教育年龄为 12—18 岁。完成此阶段的学生一般选择进入高等学术教育（wetenschappelijk onderwijs，下文简称 wo）机构（大学）继续学习。

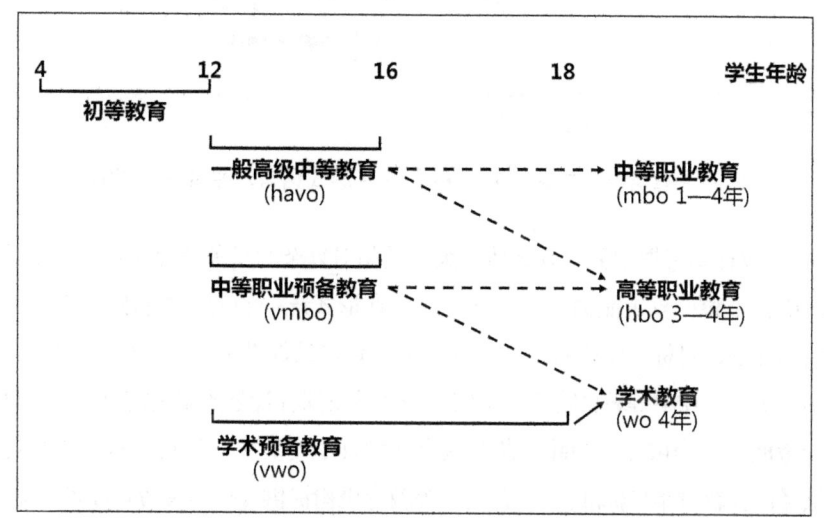

图 2.2　荷兰义务教育关系简图

荷兰中等教育体系包括三种不同的教育形式，且为学生提供在不同教育形式之间跳转的机会，因此《教育参考框架》针对不同教育形式提出了不同要求（见图 2.3）。首先，完成初等教育的学生（12 岁）必须同时达到《教育参考框架》1F 水平。完成中等职业预备教育二年级学业或中等职业教育二年级学业的学生必须同时达到《教育参考框架》2F 水平。一般高级中等教育或中等职业预备教育毕业的学生必须同时达到《教育参考框架》3F 水平。学术预备教育毕业的学生则必须达到《教育参考框架》4F 水平。相应的，从一般高级中等教育转入中等职业预备教育的学生，需要至少具备《教育参考框架》1F 水平。从其他教育形式进入学术预备教育的学生则必须达到《教育参考框架》2F 水平。超出义务教育范围的高等职业教育和学术教育均要求入学学生至少达到《教育参考框架》3F 水平。

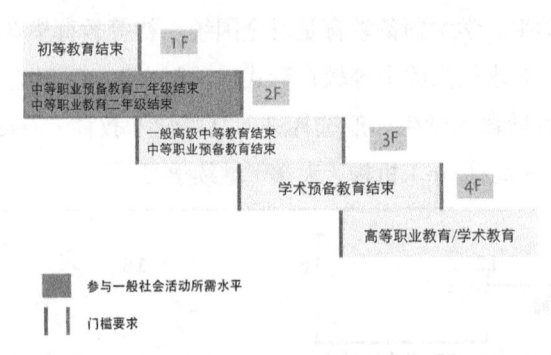

图 2.3 《教育参考框架》规定的各教育形式语言水平要求（翻译）[1]

《教育参考框架》的分级体系为荷兰相对复杂的义务教育体系提供了针对语言（和计算）能力的可量化指标。在形式统一的初等教育阶段，所有教学计划、目标、学生跟踪体系和商业教育考试都必须与《教育参考框架》相匹配。而在中等教育阶段，全国统一考试及课程计划的制定需要以《教育参考框架》为依托。为此，荷兰国家教学计划发展中心为初等教育机构提供《语言教材指导标准》，为各类中等教育机构提供《框架参考解读指导》。

与对外语能力作出量化要求的《欧洲语言共同参考框架：学习、教学、评估》（下文简称"《欧框》"）不同，《教育参考框架》主要对义务教育阶段学生的本国语言能力提出量化指标。《教育参考框架》提出的要求与传统的听、说、读、写四项能力不尽相同。该框架选择从口语、阅读、写作和语言素养四个方面对学生的语言能力提出要求。其中，口语能力包括对话能力、听力理解和表达能力三个方面；阅读能力分为应用文阅读能力以及虚构类、描述类和文学文本阅读能力；写作能力与传统语言测试等级的描述并无太大差别，泛指能够创作各类文本的能力；语言素养则是荷兰《教育参考框架》的创新之处，包括语言处置（taalverzorging）和语言思虑（taalbeschouwing）两个方面，前者主要关注学生对需要特殊学习的书面现象的熟悉程度，后者则关注学生能否使用正确的词汇或概念将头脑中

---

[1] 本书标注"（翻译）"的图或表为翻译相关政策法规或参引文献中的内容所得，其余图或表均为作者自制。

的想法通过口语和书面语表达出来（Expertgroep doorlopende leerlijnen taal en rekenen 2008）。

《教育参考框架》对学生语言能力的规定及对语言能力标准的创新都非常清晰地反映了其制定初衷：归纳和总结学生完成学业所需的基础能力和知识，使其形成体系（Expertgroep doorlopende leerlijnen taal en rekenen 2008）。作为国语课程的国家标准，《教育参考框架》的编写初衷并非传承荷兰语言或文化，而是保证在荷兰接受义务教育的学生掌握足够的语言知识和技能，这些语言知识和技能可以支撑学生完成学业，并最终参与社会活动。因此，荷兰教育、文化和科学部专门为语言能力和计算能力制定了国家标准，语言能力为有效沟通服务，计算能力则是学习诸多学科的基础技能。

值得注意的是，除了荷兰教育、文化和科学部，荷兰经济事务和气候部也将荷兰语水平和计算能力放在同等重要的位置，反映了荷兰中央政府在语言治理中的实用主义视角。荷兰中央政府认为，学生在受教育阶段熟练掌握荷兰语对日后积极参与到社会生活和劳动市场中至关重要。[1] 这一语言治理政策出发点与传统的传承本国文化或增强民族凝聚力的政策出发点不同，反映了荷兰在处理语言事务时，更多地选择从实用主义视角出发，将语言看作一种能够对国家教育、经济、外交等事务产生益处的资源。

荷兰《社会参与法》也能体现荷兰语言治理政策的出发点。该法律规定，若接受国家补贴的荷兰居民不具备《教育参考框架》1F 等级（最低级）所要求的荷兰语语言能力，则负责审核和发放该补贴的政府部门有权降低该补贴的实际发放额度。申请相应补贴的荷兰居民可以通过三种方式证明自己的荷兰语语言能力：提供受教育证明、提供入籍语言考试成绩或参加由政府组织的语言能力测试。这一规定印证了荷兰中央政府在荷兰语语言治理政策制定过程中一贯坚持的实用主义视角。社会补贴是为了满足弱势群体的基本生活需求，若想要提高生活水平，他们则需通过进修、工作和

---

[1] 荷兰中央政府官网，语言毕业考试问答，https://www.rijksoverheid.nl/onderwerpen/taal-en-rekenen/vraag-en-antwoord/waarom-moet-ik-de-taalexamens-maken（2022 年 4 月 28 日读取）。

其他社会活动进一步提高社会生活参与度，而语言能力在这一过程中发挥重要作用。若无此规定，来自其他语言文化背景的移民或文化水平过低的弱势群体将对社会补贴产生绝对依赖，逐渐与社会生活脱节。同时，1F是《教育参考框架》中最低等级的语言要求，相当于小学毕业生的语言水平，对绝大多数需要申请补贴的居民来说，这并非遥不可及的目标。

从上述涉及荷兰语能力和使用的法律和政策可以看出，荷兰中央政府在选择荷兰语语言规划政策出发点时，将包容性放在相当重要的位置。这对作为移民国家（migratieland）的荷兰来说是有利的。一个开放性强的多元社会能够接纳来自不同语言和文化背景的居民，使其成为荷兰社会文化发展新的原动力。但是，这一政策出发点的缺点也是显而易见的。除前文所述的法律规定的社会领域外，来自不同文化背景的居民，特别是学龄儿童和青少年在社会交往中可能因为没有被要求必须使用荷兰语，而更倾向于使用母语或其他国际通用语。这一选择的最直接后果就是降低了学习荷兰语的热情。荷兰皇家科学院一项专门针对荷兰语言使用情况的调查显示，荷兰中央政府在处理荷兰语与其他语言的关系方面缺少应有的政策，"落后于许多西方国家"（Muysken *et al.* 2018：22）。仅以邻国比利时为例，荷兰语不仅是受其宪法保护的官方语言之一，行政事务、商业经营、教育、社会保障、司法、消费、居留等领域的荷兰语使用也有明确的法律规定。其原因固然有比利时因多语国家的特性而必须明确规定语言使用的刚性需求，但仅此一点不足以解释荷兰与比利时语言规划的差异。缺乏完整的、执行力强的统一语言规划是荷兰国家语言治理的痛点，这将在本书第三章进一步呈现。

2.2.1.2　资助项目

除了出台相关语言规划法律及政策，荷兰中央政府还通过一系列资助项目进行语言治理。

义务教育阶段的学生需要根据不同阶段的要求达到特定的荷兰语言水平，已经参与社会生活的成年人可能面临因语言能力不足而发展受限的问题。根据荷兰中央政府的统计，在16—65岁的荷兰居民中，约九分之一的居民在荷兰语书写和阅读方面存在困难。[1]他们也因此面临诸多实际问题，如长期失业、健康欠佳、子女教育无法保证、沟通障碍等。2020年，荷兰教育、文化和科学部，荷兰内政及王国关系部，荷兰社会服务及就业部（Ministerie van Sociale Zaken en Werkgelegenheid），荷兰公共健康、福利和体育部（Ministerie van Volksgezondheid, Welzijn en Sport）联合推出了"语言共通"（Tel mee met Taal）项目，规划期为2020—2024年。2021年，荷兰中央政府计划投入9200万欧元，用于解决受教育程度低（laaggeletterdheid）的群体的实际问题。其中，6220万欧元用于成人教育（volwassenen onderwijs）项目，培养其语言、计算和数字化技能。获得资助的项目还包括鼓励阅读和提升阅读体验、在受教育程度低的家庭中推广阅读并培养其学习习惯、工作场所中的基本技能培训等。雇主、家长和研究人员可以根据自己的实际需要提出申请。2022年，资助申请范围扩大到学校、托儿所和图书馆。此项举措的目的不仅在于提升已有的受教育程度低的群体的社会生活能力，也期望更有效地防止出现更多的受教育程度低人群。因此，为父母和学校提供支持是重中之重。

为防止学龄儿童的语言能力落后于同龄人，荷兰中央政府注重鼓励儿童进行阅读。2018年，国际学生评估项目（Programme for International Student Assessment）的一项调查结果显示，荷兰学生的阅读能力正在倒退，15岁左右的荷兰青少年几乎无法在阅读中找到乐趣（Gubbels *et al.* 2019）。针对此种情况，荷兰中央政府计划通过多个资助项目，鼓励儿童重新找回阅读的乐趣。荷兰阅读基金会（Stichting Lezen）受荷兰中央政府委托，对儿童的阅读状况进行研究，并在此基础上为学校和图书馆提供建议。由荷兰阅读基金会主办的全国朗读大赛（Nationale Voorleeswedstrijd）每年都邀请全国的七、八年级学生参加。荷兰图书共同推广基金会（Stichting Collectieve Propaganda van het Nederlandse Boek）每年举办儿童图书周

---

[1] 荷兰中央政府官网，受教育程度低问题，https://www.rijksoverheid.nl/onderwerpen/laaggeletterdheid（2022年10月12日读取）。

（Kinderboekenweek）活动。儿童图书礼（Kinderboekenweekgeschenk）是儿童图书周的重头戏。只要在荷兰三大全国性连锁书店的任何一家购买超过10欧元的图书商品，就能够免费获得儿童图书礼。每年的儿童图书礼都由当年的组织者邀请儿童文学名家专门为儿童创作。需要说明的是，这些活动的目的不在于鼓励学龄儿童在特定时间内进行大量阅读或完成任务，而是希望通过周期性的活动，让学龄儿童体验到阅读的乐趣，培养其长期阅读习惯。

阅读是语言学习的重要组成部分。荷兰中央政府之所以在鼓励学龄儿童进行阅读的各类项目中投入如此多的资金，原因有二。首先，实证研究中暴露出的现实问题必须得到解决。其次，为了实现荷兰2015—2025阅读规划制定的目标，荷兰中央政府需要配备足够的执行手段。按照荷兰中央政府的计划，自2025年起，所有完成义务教育的荷兰学生将能够独立、无障碍地进行阅读；所有已成年的荷兰公民将能达到参与社会活动所需的最低语言要求，或者已经在参与能够帮助他们达成这一目标的学习项目。[1] 为了达成目标，除荷兰阅读基金会和荷兰图书共同推广基金会之外，荷兰阅读与写作基金会（Stichting Lezen en Schrijven）、荷兰皇家图书馆（Koninklijke Bibliotheek）、荷兰公共图书馆联盟（Vereniging van Openbare Bibliotheken）及荷兰文学基金会（Nederlands Letterenfonds）均参与了相关活动的策划，共同为解决阅读困难而努力。

提升学龄儿童和成人的阅读兴趣不仅在于培养阅读习惯，还在于保障充足的文学作品供给。荷兰教育、文化和科学部在2021—2024规划中为七个组织或机构提供资金，以推动阅读文学和新闻文学的发展。除了荷兰阅读与写作基金会、荷兰皇家图书馆，获得资金支持的还有作家联合会（Schrijverscentrale）、校园作家基金会（Schoolschrijver）、特殊新闻企划基金会（Fonds Bijzondere Journalistieke Projecten）、文学博物馆（Literatuurmuseum）及儿童图书博物馆（Kinderboekenmuseum）。其中，作家联合会兼具研究职能；特殊新闻企划基金会为独立新闻工作者提供

---

[1] 荷兰阅读联盟官网，http://leescoalitie.nl/（2021年12月25日读取）。

第二章　荷兰国家语言治理能力建设

专项资金，帮助他们创作和出版纪实类作品（如新闻报道、纪录片、传记等）。

　　学龄儿童和受教育程度低的人群可能面临阅读困难，已经走上工作岗位的成年人也可能存在语言能力不足的问题。据统计，15—65 岁的荷兰居民中，约 130 万人属于受教育程度低的群体。[1] 荷兰中央政府认为语言使用困难会导致人们无法享受工作的乐趣，最终无法主动参与社会交往。针对此种情况，荷兰社会服务及就业部提出了"语言协议"（Taalakkoord）计划。与面向全社会的文学作品支持计划不同，"语言协议"计划鼓励政府机构、企业、非营利组织等雇主与荷兰社会服务及就业部签订语言协议。意识到雇员语言能力不足问题的雇主，可以选择签订此类协议。协议内容是雇主针对这一问题的应对措施，包括语言培训、购买教材和练习册等。荷兰社会服务及就业部是统管此领域事务的政府部门。"语言协议"计划重视语言对在职人群的重要性，并将语言服务供应商与需求方联系在一起。如此一来，在职人群中存在荷兰语使用困难的个人就能够得到切实有效的帮助。这也是该项计划的创新之处。总体来看，荷兰中央政府在制定语言规划时，主要采取由实际问题到解决方案的思路。非政府机构对社会语言生活进行研究，发现其中的实际问题。荷兰中央政府根据这些实际问题组织资金和力量，并委托专门机构实施。因此，荷兰中央政府的语言规划制定具有注重实用性和倚重学术研究的特点，其实施则呈现出较强的系统性和全面性。

　　注重实用性是贯穿荷兰国家语言能力建设全过程的出发点之一。具体到国家语言治理能力建设，对实用性的重视主要体现在参与语言治理的机构的工作重点上。参与语言治理的政府自不必提，少数非政府机构亦明确将传承荷兰文化或历史列入机构章程或规划。例如，特殊新闻企划基金会将记录荷兰历史作为基金会使命之一，统管文学博物馆和儿童图书博物馆的荷兰文学博物馆和文学档案基金会（Stichting Nederlands

---

[1] 荷兰中央政府事务公开网站，三部部长致二院的信，https://zoek.officielebekendmakingen.nl/kst-28760-69.html（2022 年 4 月 19 读取）。

41

Literatuurmuseum en Literatuurarchief）将呈现荷兰文字遗产视为基金会的基本任务之一。包括政府部门在内的大多数机构和组织都希望通过语言推动社会和经济发展，解决现实的社会问题。

荷兰国家语言规划实施具有系统性强的特点。荷兰国家语言治理机构体系中不同机构各司其职，非政府学术机构负责发现问题，各政府部门负责制定标准和政策、筹措经费、委托相关组织执行。此外，社会问题的解决过程能够做到有法可依，这也是国家语言规划实施系统性强的体现。荷兰教育、文化和科学部的 2021—2024 规划主要解决阅读质量问题；"语言协议"计划主要解决在职人群语言能力不足问题；《教育参考框架》为初等、中等教育阶段学生的语言水平提供量化指标。在此基础上，中央政府的资金支持也保证了各类规划和标准的落实。

荷兰国家语言规划实施的全面性主要体现在语言规划覆盖人群和获得资助的对象方面。教育规划主要针对学龄儿童，从源头避免语言能力发展滞后的情况出现。已经走上工作岗位的成年人可以通过雇主获得急需的语言支持，失业人群则会因申请社会补贴的附加语言条件主动取得相应的语言水平证明。此外，荷兰中央政府的语言规划也在一定程度上体现了对语言在文化发展中的作用的重视。保证优质儿童文学作品和纪实文学作品的产出，可以有效实现通过阅读提高语言水平这一目标：各社会群体的阅读兴趣得以提升，语言能力也随之得到发展。优质的文字作品问世再带动文化发展，形成良性循环。

倚重学术研究这一特点实际上是荷兰中央政府语言规划制定和实施得以衔接的关键。政府投入资金的参考是学术机构产出的实证研究成果，实际拨付的资金也有一部分流向学术研究机构，使其能够对相应语言规划的实施和效果进行追踪和研究，最终为政府提供针对语言规划的改进意见或提出新的问题。这种循环反馈系统能够实现，得益于荷兰活跃的国家语言生活研究与交流，这部分内容将在本书 2.3 节进行详细讨论。

2.2.2 荷兰中央政府参与制定与实施的荷兰语语言规划

荷兰语语言联盟是由荷兰、比利时两国政府共同出资成立的国际组织。从1980年成立至今，其影响力已经从荷兰和比利时法兰德斯大区扩展至苏里南共和国和荷兰王国的其他构成国，成为荷兰语区在语言规划事务方面最具影响力的语言机构。荷兰语语言联盟的语言规划为荷兰中央政府制定语言规划提供框架性指导。同时，荷兰中央政府作为参与其中的一国政府，对荷兰语语言联盟制定语言规划具有一定的影响力。荷兰中央政府出资建设和支持荷兰语语言联盟，并参与其管理、研究和政策制定工作。就荷兰国家语言能力建设而言，荷兰语语言联盟的相关语言政策可以视作荷兰中央政府语言治理的延伸。下文将对荷兰语语言联盟的工作及荷兰中央政府在其中扮演的角色进行说明。

荷兰语语言联盟属于非政府机构，因此并不具备出台相关法律的权力。荷兰语在荷兰、比利时和苏里南共和国等国的地位由各国的相关立法确立。[1]《荷兰语语言联盟协定》规定，各缔约国政府必须在以下领域合作制定和实施统一的语言规划：

（1）建立并支持达成本条约所规定之目标所必需的合作机构；

（2）标准荷兰语拼写和语法；

（3）法律法规和正式出版物所需的专用词汇；

（4）为私营企业出版词典、词汇表和语法书制定规范；

（5）为非荷兰语母语者参加的荷兰语等级考试制定标准；

（6）促进世界范围内，特别是欧洲各共同体内荷兰语语言和文学的发展；

（7）如果本条约限定的荷兰语语言利益受到影响，且该影响来自与第三国或其他国际组织的关系，或者来自其他协议时，各缔约国须承担起协调责任。

荷兰语拼写、语法及专用词汇等领域的标准制定属于国家通用语推广

---

1 见本书2.2.3节。

和规范的内容，将在本书第三章进行讨论。非荷兰语母语者语言水平证书体系（Certificaat Nederlands als Vreemde Taal，下文简称CNaVT）将在本书第四章进行系统介绍。荷兰语语言和文学推广工作属于国家语言战略能力建设，将一并在本书第四章进行分析。由此可见，荷兰语语言联盟在荷兰语语言规划制定和实施过程中主要扮演着各类资源的协调者和组织者角色。在荷兰语语言联盟的五项使命中，制定荷兰语区内部的荷兰语教育政策是荷兰中央政府参与的、对荷兰语规划产生重要影响的使命。荷兰语语言联盟主要通过制定荷兰语教育规划、设立合作平台和提供专项经费完成对荷兰语区教育政策资源的协调和组织。

2.2.2.1 荷兰语教育规划

2017年，荷兰语语言联盟常设秘书处发布了《人均语言能力达标：21世纪荷兰语教育的角色、地位和内容规划》（下文简称"2017版荷兰语教育规划"），对21世纪荷兰语区的教育作出了详细规划。进入21世纪后，荷兰语区已经发展成为一个社会情况复杂、多样性强、多语言的区域。荷兰语需要依靠语言教育转型来应对移民语言、数字化发展和知识爆炸带来的挑战。2017版荷兰语教育规划包含三个主题：荷兰语的重要性、荷兰语教育的目标和荷兰语教育的内容（Vanhooren et al. 2017）。

荷兰语语言联盟认为，荷兰语的重要性在于可以在高度分化的社会中充当黏合剂。需要说明的是，由于苏里南共和国仅为荷兰语语言联盟的伙伴成员（geassocieerd lid），因此2017版荷兰语教育规划仅对荷兰和比利时法兰德斯大区有效。荷兰语在此区域内属于跨境语言，是将两个国家或地区联系在一起、使跨国合作成为可能的纽带，但荷兰语并非传统意义上能够增强凝聚力或归属感的民族语言，而是能够"帮助维护乃至增强社群内部一致性"（Vanhooren et al. 2017：11）的共有语言。换言之，荷兰语区各个社会群体使用共同的语言，是实现相互沟通、相互理解、共同合作的关键，并不会让比利时法兰德斯大区的居民认为自己与荷兰人属于同一民族，最终目的仍是保证个体能够活跃地参与社会活动。因为在荷兰语区，荷兰语语言能力是完成学业、掌握各项生存技能并适应社会发展的必备基础技能。

21世纪的荷兰语教育把重心放在语言能力的培养和训练上。荷兰语语言联盟将语言能力界定为"语言知识、技能和态度的综合，可以使语言使用者对书面语、口语和多模态文本进行解读、评估和使用，最终做到：（a）有效地参与社会生活；（b）达成个人目标；（c）长期持续地拓展个人知识和能力"（Vanhooren et al. 2017：13）。这一定义与荷兰语的重要性紧密衔接，最终为个人在社会中发挥积极作用服务。荷兰语语言联盟在教育目标的制定上有两个创新之处。其一是提出语言态度是语言教育的三大目标之一。此处的语言态度指的是"语言使用者对荷兰语本身和对自己的语言能力所持的态度"（Vanhooren et al. 2017：14）。既然荷兰语语言联盟希望荷兰语成为荷兰语区的黏合剂，那么对荷兰语持相同的态度就变得至关重要了。要达成这个目标，个体需要认同掌握荷兰语是参与社会活动的必要条件。他们也必须相信拥有足够的语言能力、能够自信地使用荷兰语是开展交流与合作的前提。这固然是从实用主义视角出发的语言规划，但也是为个体未来发展考虑的教育方针。其二是将科技发展给语言使用者和语言学习者带来的挑战纳入考量范围。进入21世纪以来，数字化发展改变了人们的阅读习惯、娱乐习惯乃至教育模式。因此，传统的听、说、读、写四项语言能力已经不足以保证语言使用者能够在高速发展的社会中立足。对数字化资源的获取和理解将是个人持续拓展社会技能的关键。荷兰语语言联盟能够发现这一点并提前在语言教育中作出相应布局，是非常值得学习的。对实用性的重视贯穿荷兰国家语言能力建设全过程。荷兰语语言联盟同样重视实用性，体现了荷兰中央政府在其事务中的参与度和影响力。荷兰中央政府成员是荷兰语语言联盟决策机构和监管机构的成员，本身就参与语言规划制定。此外，荷兰中央政府还受《荷兰语语言联盟协定》约束，进行语言规划实施。如此一来，尽管荷兰语语言联盟并非完全由荷兰中央政府掌控的治理机构，但荷兰中央政府能够发挥影响力，使荷兰语区和国家两个层次的语言规划相衔接。

荷兰语能帮助人们发展个人能力、有效参与社会生活。荷兰语语言联盟将荷兰语教育的内容概括为四个方面：语言能力与个人身份（identiteit，即语言与"我"的关系）、语言能力与沟通（"我"与他人的关系）、语言能力与信息（"我"与文字和媒体的关系）以及语言能力与文化（"我"与周围环境和世界的关系）。这四个方面关注的仍然是从语言学习到个人发展，再到参与社会活动并持续拓展个人能力的路径，与2017版荷兰语教育规划的前两部分内容衔接紧密，保证了教育规划的可行性。但就语言教育内容本身而言，这四个方面并非实质的、具体的内容规定，体现的是荷兰语语言联盟对语言规划的理解。作为跨国境的非政府机构，荷兰语语言联盟的规划对荷兰语区的国家政府发挥指导作用，其任务是提供有依据的建议和纲领，以保证荷兰语区的资源得到合理分配，促进荷兰语有序发展。因此，跨国境非政府机构制定的是宏观的语言规划。荷兰中央政府参与荷兰语区层次的规划制定，并据此进行国家语言规划的制定和实施。

2.2.2.2 设立合作平台

除制定荷兰语区的荷兰语教育规划外，荷兰语语言联盟还通过设立跨国、跨领域的专家合作平台助力语言规划的制定和实施。

2017版荷兰语教育规划由荷兰语语言联盟常设秘书处发布，其建议则来自另一常设机构——荷兰语语言和文学委员会，以及专门为此项规划成立的21世纪荷兰语教育核心专家组（Kerngroep Onderwijs Nederlands in de 21ste eeuw）。该专家组由来自荷兰和比利时法兰德斯大区的荷兰语教师、教育专家、研究人员和中学校长组成，兼具实践经验和学术性。除制定教育规划外，专家组还就该规划的落实情况定期向荷兰语语言联盟常设秘书处提供咨询意见。

荷兰语母语教育与荷兰语外语教育共享平台（Platform Onderwijs Nederlands en Nederlands als Tweede Taal，下文简称"PONT2平台"）是荷兰语语言联盟为教育领域设立的另一平台，其特点是将荷兰语母语教育与荷兰语外语教育结合起来，使得两个领域的教师共享资源、互通有无。此外，PONT2 平台连接了荷兰语语言规划和荷兰语国际拓展两个能力分项，在一定程度上提升了荷兰国家语言战略能力建设的效率。

跨领域、跨国合作平台是荷兰语区语言规划制定和实施的连接点。一线语言教师能够对实际语言教育中暴露出的问题进行讨论，其中的共性问题可以在短时间内转化为下一步语言规划重点。通过如此循环往复，荷兰语语言联盟的宏观语言规划不断成为荷兰语发展的动力源泉。

2.2.2.3 提供专项经费

荷兰语语言联盟的专项经费设立原则与合作平台建设相似，均侧重荷兰语教育。荷兰－法兰德斯教育合作网络（Nederlands-Vlaamse onderwijsnetwerken）是专门为在荷兰和比利时荷兰语区教授荷兰语的教师提供合作资金支持的项目。该项目致力于推动荷兰语区的荷兰语教育力量(包括母语教育和外语教育）相互交流，范围覆盖初等教育、中等教育、高等教育（hoger onderwijs）和成人教育。

2.2.2.4 荷兰语语言联盟的语言规划特点

荷兰语语言联盟认为，荷兰语作为跨境语言，是荷兰语区重要的黏合剂。这一点在荷兰中央政府的语言规划中极少被提及，这是荷兰语区层次语言规划和国家层次语言规划的不同之处。由于本书关注荷兰国家语言能力建设，就这一点而言，两个层次的语言规划出发点和落脚点是相同的。首先，两个层次的语言规划都强调实用性。对于个体而言，荷兰语能力是发展其他能力的基础。只有熟练掌握荷兰语，个体才能继续学习其他技能，最终积极、有效地参与社会活动。其次，两个层次的语言规划都以教育为抓手，保证语言规划的落实。

荷兰语语言联盟语言规划的另一个特色是重视数字化的高速发展给语言使用者带来的挑战，并积极采取措施帮助语言使用者形成应对此种挑战的能力。进入 21 世纪后，科技的高速发展给人们的生活带来新的可能，但也提出了全新的挑战。荷兰语语言联盟能够看到向电子化、智能化转型的语言环境可能给语言使用者带来的困难，并在政策层面组织力量寻找解决方案，既体现了注重实用性的出发点，又凸显了对社会环境发展的充分考虑。

荷兰语语言联盟的语言规划亦是宏观的、框架性的。基于荷兰语区基础研究成果，荷兰语语言联盟提出的建议以培养个体语言能力为基础，保障其有主动参与社会生活的机会。对于合作平台的组建和资金支持，荷兰语语言联盟重视荷兰语区专业知识的交流和有生力量的合作。这些都是宏观的指导性规划，与荷兰语语言联盟作为非政府机构的性质分不开，再加上荷兰语跨国境的特点，荷兰语语言联盟在语言规划领域抓大放小，重视平台和合作组建设。如此一来，荷兰中央政府可以在这一规划框架基础上继续充实和完善，根据本国实际情况选择最有效的实施手段。

2.2.3　荷兰中央政府受益的超国家语言规划

欧洲各超国家组织主要通过设置语言议题、发展多语主义和保护民族语言进行超国家语言规划并对荷兰国家语言规划产生影响。

2.2.3.1　设置语言议题

欧盟各成员国之间的交流及居民在欧盟范围内流动均需要语言的支持。因此，语言一直是欧盟在增进文化交流和相互理解方面提出的议题。值得注意的是，主要负责规划欧盟语言事务的欧盟委员会不仅关注欧盟认定的官方工作语言，其语言规划还包括欧盟各成员国的宪法语言、区域语言及人口较少的国家的语言（Network to Promote Linguistic Diversity 2019）。截至目前，欧盟共有 24 种官方语言，荷兰语是其中之一。欧洲推广语言多样性合作组织（Network to Promote Linguistic Diversity，下文简称 NPLD）在欧洲层面上为弗里斯语代言。NPLD 成员既包括国家政府，也包括区域性语言治理机构，因此能够统筹欧洲超国家语言治理、国家语言治理和区域语言治理力量。

"欧洲语言多样性发展路线图"（European Roadmap for Linguistic Diversity）是 NPLD 提出的五年规划，包括四个政策重点：保证语言的法律地位；强调语言能力是经济、教育和文化发展的驱动力；信息与通信技术应该为语言学习服务；为最易受到威胁的欧洲语言提供保护。

NPLD 在欧盟委员会的支持下建立，对欧洲超国家层面的语言规划反映了欧盟重点关注的语言议题。欧盟对这些领域的政策和资源支持又使得国家和区域语言规划有了更坚实的实施基础，这在荷兰中央政府和弗里斯兰省政府制定的语言规划中多有体现。因此，对荷兰来说，欧盟的语言规划是使其获益的超国家语言规划。

2.2.3.2　发展多语主义

欧盟的盟训"多元一体"（united in diversity）强调外语学习对欧洲一体化进程的重要性。在这一领域，对荷兰语言规划影响最大的是欧洲语言教育中期规划的提出和《欧框》的制定。

负责欧洲语言教育中期规划的是欧洲现代语言中心（European Centre for Modern Languages，下文简称 ECML）。该中心是欧盟委员会的下属机构。ECML 最新的中期规划将重点放在教育创新上，名为"鼓励语言教育进行创新：环境革新与能力发展"（Inspiring innovation in language education: Changing contexts, evolving competences）。图 2.4 是该语言教育规划的落实计划，即通过培养发展专题项目的能力和组织专业人士分享经验促进教育环境革新，最终实现语言教育创新的目的。同时，该语言教育规划也注重对新媒体技术的应用和对相应能力的培养，与欧盟整体语言规划相呼应。

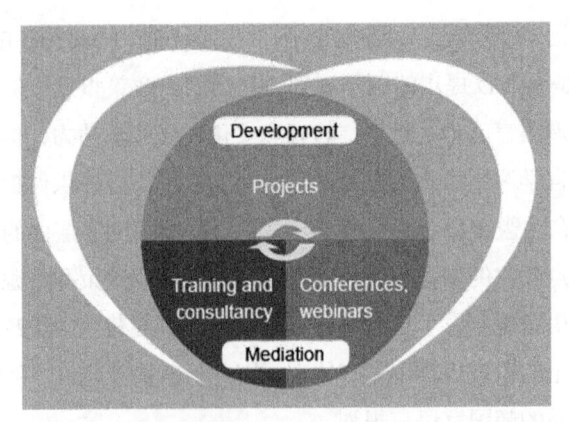

图 2.4　ECML 提出的落实计划（European Centre for Modern Languages 2020：1）

《欧框》在 2001 年由欧洲委员会牵头制定。自发布以来，《欧框》对欧洲各国的外语教育产生了重大影响。2020 年，欧洲委员会发布了更新版的《欧框》指南。《欧框》对欧洲超国家层面的语言规划有双重重要性。首先，《欧框》由欧洲委员会牵头制定，通过《欧洲文化公约》建立的合作机制使《欧框》在 50 个欧洲国家的外语教育领域得到应用（Council of Europe 2020）。其次，尽管《欧框》作为超国家外语教育语言规划政策被提出，但凭借完善的配套措施，其在国家语言规划层面发挥的作用已经不限于第一、第二语言教育本身，更能指导各国政府研究和制定有利于推广多语种教育的课程大纲。为此，欧洲委员会建立了多语和跨文化教育资源与参考平台（Platform of resources and references for plurilingual and intercultural education），通过组织学术会议、发布官方指南来推动语言规划的具体落实。

2.2.3.3　保护民族语言

欧洲超国家语言治理机构主要通过为区域和少数民族语言的地位提供合法性支持来指导国家语言规划。表 2.1 是对欧洲理事会《欧洲保护少数民族框架公约》、欧洲委员会《欧洲区域或少数民族语言宪章》和荷兰《弗里斯语使用法》三者互动关系的总结。

表 2.1 《欧洲保护少数民族框架公约》《欧洲区域或少数民族语言宪章》
与《弗里斯语使用法》的互动关系

政策领域	《欧洲保护少数民族框架公约》	《欧洲区域或少数民族语言宪章》	《弗里斯语使用法》
宗旨	一个多元、真正民主的社会不仅应尊重每一位少数民族成员的种族、文化、语言和宗教特性,还应为其表达、保持和发展这一特性创造适宜的条件。	对欧洲一些有消亡危险的区域或少数民族语言进行保护,有助于维护和发展欧洲的文化财富和传统,但要考虑到跨文化和多语言的价值,明晰保护和鼓励区域或少数民族语言不应损害官方语言及其学习的必要性。	无具体规定
为语言和文化传承提供支持	第5条第1款:各方同意改善必要条件,以使少数民族成员保持和发展他们的文化,保留其特性的基本要素,即宗教、语言、传统和文化遗产。	第7条第1款:在使用区域或少数民族语言的地区,基于每种语言的情况,缔约方应根据以下目标和原则制定政策、立法和实践: a. 认可区域或少数民族语言是文化财富的表现形式; b. 尊重每种区域或少数民族语言的地理区域,确保现有的或新的行政区划不会对推广相关区域或少数民族语言构成障碍; c. 采取切实措施来推广和保护区域或少数民族语言。	2a. 考虑到对弗里斯语及其文化的保护责任,荷兰中央政府和弗里斯兰省政府定期制定并实施《弗里斯语言和文化治理协定》。
基本权利	第9条第1款:各方承认少数民族成员有言论自由的权利。这一权利包括不受公共当局的干涉,不受国界限制而自由持有见解并用少数民族语言接受、传递信息和见解。各方保证在本国法律体系框架内,少数民族成员在进入传播媒介方面不受歧视。	第7条第2款:各方承诺消除与使用区域或少数民族语言有关的任何不合理行为,或阻碍/威胁这些语言的保护和发展的歧视、排外、限制或偏好等情况(包括尚未完全消除的情况)。各方同意采取有益于区域或少数民族语言的特别措施,以保证这些语言的使用者与其他群体具有同等地位,或在考虑到他们的具体情况时,不视作对其他范围更广泛的语言使用者的歧视。	无具体规定(荷兰的宪法已规定所有荷兰公民不应因种族、宗教、信念等受到歧视)。

(续下表)

（接上表）

使用场合	第10条第1款：各方承认少数民族成员有权自由且不受干扰地在私下或公共场合，在口语或书面语中使用少数民族语言。	第7条第1款：d. 鼓励和/或促进区域或少数民族语言在口语和书面语、公共和私下场合中的使用。	第5条第1款：在弗里斯兰省，去中心化政治改革后得到授权的市政机构可以对弗里斯语的口语和书面语使用作出规定。此规定须至少包括在该机构的工作范围内推广弗里斯语的具体措施。 第7条第1款：以下以弗里斯语写就的文本应同时提供荷兰语版本： a. 对象或对象之一为弗里斯兰省以外的行政机构或隶属荷兰中央政府的行政机构； b. 内容为一般约束性条款或政策规定。
与当局的交往	第10条第2款：在少数民族成员传统聚居区或数量较多的少数民族成员居住地区，如果少数民族成员提出要求且这一要求符合真实需要，那么各方应尽一切努力保证少数民族成员与行政当局交往时，具备使用少数民族语言的条件。	第10条第1款：在使用区域或少数民族语言的居民人数能够支持下列措施的合理性的国家行政区域内，视每种语言的情况，在保证合理性的情况下： a. i. 行政当局使用区域或少数民族语言。	第3条第1款：任何人可在与弗里斯兰省市政机构工作人员的交往中使用弗里斯语。 第4条第1款：弗里斯兰省市政机构工作人员可以使用弗里斯语。
司法	第10条第3款：各方保证少数民族成员有权使用自己听得懂的语言要求立即告知逮捕理由、受指控的性质和原因，并用这一语言为自己辩护。如有必要，各方要免费提供翻译。	第9条第1款：各方承诺，在那些使用区域或少数民族语言的居民人数能够支持其使用合理性的司法区域内，根据每种语言的情况，在法官认为提供相应便利不会妨碍正常司法行政的情况下： a. 在刑事法庭（使用区域或少数民族语言）； b. 在民事法庭（使用区域或少数民族语言）。	《弗里斯语使用法》保证弗里斯语在弗里斯兰省的行政和司法领域与荷兰语具有同等地位。
媒体	无	第11条第1款：各方承诺，对于在语言地理区域使用区域或少数民族语言的个体，根据每种语言的具体情况，在公共当局直接或间接有能力、有权力发挥作用的范围内，保证并尊重媒体独立和自主的原则。	由《2008年媒体法》提供合法性支持。

（续下表）

（接上表）

姓名	第11条第1款：各方承认少数民族成员有权使用少数民族语言中的姓（源于父名的姓）和名，且其姓名有权获得官方承认。	第10条第5款：各方同意，在相关方提出要求的情况下，允许其使用或选用区域或少数民族语言的姓氏。	无
地理标志	第11条第3款：在数量较多的少数民族成员居住地区，当有必要的需求时，各方应在其法律体系框架内尽一切努力，包括在适当情况下与其他国家签订协议，对具体情况进行考虑等；使用少数民族语言表示传统地名、街道名称和地形指示，以示公众。	第10条第2款：g. 在必要情况下，区域或少数民族语言的地名可与官方语言名称一起出现或只使用符合区域或少数民族语言传统且形式正确的地名。	《弗里斯语使用法》未作出明确规定，但《弗里斯语言和文化治理协定》中有明确规划。
教育	第12条第1款：在适当情况下，各方采取措施，在教育和研究领域传授少数民族和主体民族的文化、历史、语言和宗教知识。	第7条第1款：h. 在大学或同等机构鼓励区域或少数民族语言学习和研究。	分别由《初等教育法》《中等教育法》和《高等教育和科学研究法》提供合法性依据。
	第14条第1款：各方承认少数民族成员有学习其少数民族语言的权利。	第7条第1款：f. 在所有应提供教育的阶段提供区域或少数民族语言教育和学习的适当条件与形式。	
	第14条第2款：在少数民族成员传统聚居区或数量较多的少数民族成员居住地区，如有必要的需求，各方应尽一切努力，在其教育体系框架内，确保少数民族成员有机会被教授少数民族语言或使用少数民族语言获得教育。	第8条第2款：在传统上使用区域或少数民族语言的地区以外的领土，如果区域或少数民族语言的使用者数量被证明是合理的，则承诺允许、鼓励在所有适当教育阶段使用区域或少数民族语言。	
平衡与通用语的关系	第14条第3款：实施本条第2款时，不应对学习官方语言或用官方语言授课造成损害。	第7条第1款：g. 为居住在使用区域或少数民族语言的地区，但没有掌握区域或少数民族语言且愿意学习该语言的人提供条件。	无

从表2.1中的荷兰法律及荷兰中央政府签订的国际条约横向对比可以看出，荷兰从务实、自治的视角出发来保护区域或少数民族语言。首先，荷兰社会拥有开放、宽容的传统，因使用本民族语言而受到歧视的情况鲜少出现，因此荷兰中央政府将关注点放在保护语言和促进语言使用方面。其次，弗里斯语是荷兰弗里斯兰省的通用语言。弗里斯兰省实行荷兰语和弗里斯语双语并行制度。因此，将语言治理权力下放给弗里斯兰省政府及下辖各市政机构，能够最大程度地做到因地制宜，在平衡两种通用语的同时推广弗里斯语。最后，荷兰在法律层面对弗里斯语提供的保护分布在教育、司法、行政、媒体等领域，并为必要情况下的荷兰语使用留出空间。如此一来，其他群体使用国家通用语的权利就得到了保障。这类群体包括居住在弗里斯兰省内的非弗里斯族居民、需要与弗里斯兰省居民或政府交往的其他居民及各类机构。

欧洲国际组织在超国家语言规划的制定层面主要为语言教育（特别是外语教育）、区域或少数民族语言保护两个领域提供资源支持和宏观指导。其中对区域或少数民族语言的保护直接影响到由荷兰中央政府牵头制定的弗里斯语语言规划。

2.2.4　荷兰中央政府牵头制定的弗里斯语语言规划

根据现行的《弗里斯语言和文化治理协定》，弗里斯语语言规划在荷兰内政及王国关系部和弗里斯兰省政府的商议下制定和实施。具体规划涉及教育、司法及行政、媒体、文化活动及资助、经济和社会生活、跨省界交流活动六个领域。与荷兰语语言规划不同，弗里斯语语言规划重视传统与文化传承，而非语言能力的培养。

2.2.4.1　教育

教育领域是保护弗里斯语的重要阵地。弗里斯兰省专门为教育领域制定了《弗里斯语语言规划2030》。该规划涉及初等教育和中等教育两个层次，并将弗里斯兰省所有初等和中等教育机构分成不同等级。分级标准是该机构现阶段能够提供的弗里斯语课程层次和类型。其中 A 级为最高级，代表该教育机构能够提供完整的弗里斯语教育，包括听、说、读、写四项技能。暂时无法提供完整课程体系的教育机构按照实际情况分入不同级别（初等教育为 A—G 七级，中等教育为 A、B、C1、C2 和 D 五级）。按照该规划，弗里斯兰省所有初等和中等教育机构需要在 2030 年提供合格的（A 级）弗里斯语教育。该规划的实施举措包括专项经费资助、学校四年规划、定期校园考察和公益宣传企划。

2.2.4.2 司法及行政

根据现行的《弗里斯语言和文化治理协定》，弗里斯兰省治下的各市政机构需要在《弗里斯语使用法》和该治理协定的框架内自行完成语言规划的制定和实施。2023 年，该治理协定到期时，每个市政机构都应该制定出适合自己治下区域的语言推广政策。将制定语言规划的责任下放到各市政机构是弗里斯语语言规划与荷兰语语言规划最大的不同。形成这种差异的原因主要有两个。一是荷兰去中心化的执政理念。从 2015 年起，荷兰中央政府将部分行政职责移交给市政机构，包括青少年关爱与保护（jeugdzorg）、工作与收入、长期疾病护理、老年人关爱与保护责任等。二是弗里斯语作为少数民族语言的特性。每个市政机构所辖群体的构成不同，对弗里斯语教育、服务和文化活动的需求也不同。因此，弗里斯兰省政府依照荷兰中央政府去中心化的执政思路，同时考虑到平衡国家通用语和区域通用语的需求，将制定详细语言规划的责任一并交给各市政机构。

当然，弗里斯兰省政府的语言规划也并非只由市政机构负责。欧洲理事会《欧洲保护少数民族框架公约》、欧洲委员会《欧洲区域或少数民族语言宪章》和荷兰《弗里斯语使用法》均规定，地名、街道名、自然地理标志物等应使用少数民族语言命名。这项工作就是由市政机构、弗里斯兰省政府和荷兰中央政府合作完成的。按照现行《弗里斯语言和文化治理协定》的要求，所有已审定的弗里斯语地理名称均应收录进《地址和建筑基本名录》，以保证只使用官方弗里斯语名称。市政机构负责定名并将其收录进本地名录，再由弗里斯兰省政府和荷兰中央政府分别收录，以保证流通性。

2.2.4.3 媒体

弗里斯语在媒体领域的应用在 2016—2019 年实施的《弗里斯语媒体使用行政协定 2016》中得到充分体现。该行政协定规定，如果弗里斯兰电视台（Omrop Fryslân）在 2018 年 2 月之前仍然是官方公共媒体机构，那么可以在原预算支持外获得全国媒体支持专项经费。在此基础上，现行的《弗里斯语言和文化治理协定》将保证弗里斯语在媒体领域的使用水平作为目标，并提出在传统媒体（广播和电视）之外，数字（社会）媒体和新的传媒形式也对弗里斯语的使用和保护具有重要作用。

2.2.4.4 文化活动及资助

语言与文化一脉相承，相互成就。2018 年，弗里斯兰省吕伐登市（Leeuwarden）被评为"欧洲文化首都"（Europese Culturele Hoofdstad），并以此为契机举办了一系列弗里斯兰语言、历史和文化相关庆祝活动。在现行的《弗里斯语言和文化治理协定》五年规划期内，荷兰中央政府计划与弗里斯兰省政府继续展开深入合作。具体合作领域包括弗里斯语戏剧推广、弗里斯语言和文化研究、弗里斯语文学推广和文化活动组织等。

对弗里斯语言和文化的深入研究主要由荷兰皇家科学院及其下属的弗里斯语学会合作进行。其目的不仅在于提升弗里斯语相关学术研究的质量与水平，还在于帮助弗里斯语学会发展为实力雄厚、前景光明的研究机构。弗里斯语文学推广工作主要由弗里斯兰省政府负责落实。荷兰文学基金会受荷兰中央政府委托，确保对荷兰语作家、翻译家和作品开放的补贴项目同样对弗里斯语作家、翻译家和作品开放，以推动弗里斯语文学社群的发展。

《弗里斯语使用法》于 2014 年正式生效。也就是说，弗里斯语作为荷兰区域通用语的地位确立还不到十年。因此，弗里斯兰省的语言治理能力尚处在发展阶段。鉴于此种情况，荷兰中央政府通过《弗里斯语言和文化治理协定》有计划、有步骤地落实相关措施，帮助弗里斯兰省提高各语言治理机构的能力，从而提升弗里斯兰省的语言治理能力。

　　弗里斯语文化政策对语言规划的另一个重要影响是对语言资源数字化的重视。弗里斯语是少数民族语言。因此，现存的弗里斯语文学作品和影视作品除了本身的艺术价值，还具有很高的历史价值和研究价值。现行的《弗里斯语言和文化治理协定》要求弗里斯兰省政府在荷兰中央政府的协助下，大力推动弗里斯语文学作品数字化工程及"弗里斯电影档案库"（Fries Film Archief）建设工作，以保护这些具有特殊历史文化价值的资源。目前，《弗里斯语语言图景》（弗里斯语：*De Fryske Taalatlas*）已出版到第四版（2020 年版），不仅收录了弗里斯语小说和诗歌作品名录，还覆盖了儿童文学、科研文献、报纸杂志和文学类教材等领域。

2.2.4.5　经济和社会生活

　　现行的《弗里斯语言和文化治理协定》主要关注弗里斯语在企业环境和公共医疗领域的使用，通过一系列公益宣传活动和培训项目使弗里斯语成为人们在这两个领域交流时自然选择的语言。

　　针对公共医疗领域的弗里斯语使用，弗里斯兰省政府与荷兰公共健康、福利和体育部合作，计划在弗里斯兰省医疗机构推广双语数字辅助资源试点项目。该项目首先收集人们在医疗场所完成顺畅交流所需的各类语言支持，并梳理出哪些可以由现有设施提供，哪些仍然缺失。最终，该项目计划向弗里斯兰省所有医疗机构投放双语动画视频，帮助医患顺畅交流。如果试点项目顺利，弗里斯兰省还计划将其扩展至相关教育机构，以提升未来医疗领域从业人员的语言能力。

2.2.4.6 跨省界交流活动

弗里斯语是荷兰的区域通用语，但荷兰中央政府和弗里斯兰省政府都希望通过跨省界、跨国界的交流活动，将弗里斯兰的语言和文化魅力传播到弗里斯兰省以外的地方。达成这一目标的具体举措包括参与欧洲和国际文化项目，如弗里斯兰省吕伐登市在2018年被评为"欧洲文化首都"，以及参与跨国合作研究等。

由于弗里斯语在2014年才正式获得荷兰区域通用语的地位，弗里斯兰省政府距离独立制定和实施语言规划还有一段距离。因此，荷兰中央政府选择在语言资源、经费支持和机构建设方面给予弗里斯兰省政府足够的支持，按照不同语言规划领域的实际需求帮助弗里斯兰省政府完善语言规划。

2.3 荷兰国家语言生活研究与交流

2.3.1 荷兰国家语言生活研究

荷兰在制定和实施国家语言规划时，相当重视学术研究结论和学术机构的建议。因此，荷兰的国家语言生活研究相当丰富，主要分为主导管理机构、合作研究机构和系列研究项目三个方面。

2.3.1.1 主导管理机构

荷兰科学研究院是荷兰最重要的科研经费提供者之一。该机构重视科学研究质量与创新，在2019—2022年科研规划中，将保持荷兰科学研究的高水平和高效性列为首要目标。荷兰科学研究院主要发布全国性科研规划，并组织经费申报来推进语言生活研究。

荷兰科学研究院受荷兰教育、文化和科学部委托，从2018年起启用"国家科研议程"（Nationale Wetenschapsagenda），统筹各类在今日社会与未来社会间架设桥梁的科学研究。[1] 目前，国家科研议程框架下已有14种

---

[1] 荷兰国家科研议程官网，https://www.nwo.nl/onderzoeksprogrammas/nationale-wetenschapsagenda-nwa（2021年12月25日读取）。

主题经费开放申请，资助或正在资助的项目达到174个。

荷兰的科学研究质量与水平一直处于世界领先地位，这得益于持续的资金投入和荷兰中央政府的大力扶持。2020年，荷兰科学研究院牵头成立了国家知识联盟（Kenniscoalitie）。由于荷兰科学研究院是受荷兰教育、文化和科学部委托的主导型科研管理机构，国家知识联盟吸引了荷兰皇家科学院、荷兰大学联盟（Vereniging van Universiteiten）、荷兰应用科技大学联盟（Vereniging Hogescholen）、荷兰医科大学附属医院联盟（Nederlandse Federatie van Universitair Medische Centra）、荷兰雇主联盟（VNO-NCW）、荷兰中小企业主联盟（MKB-Nederland）和荷兰应用科技研究机构联盟（TO2-federatie）等具有影响力的团体和机构加盟。根据国家知识联盟的规划，到2030年，荷兰中央政府应将年度科研经费提高到国内生产总值的3%，以保证荷兰在科研发展上不落后于其他欧洲国家。

荷兰科学研究院作为国家级的主导型科研管理机构，具有自身的独特性。首先，荷兰科学研究院属于非政府机构，仅由荷兰教育、文化和科学部授权管理科学研究事务和审批基金。其次，荷兰科学研究院重视科研项目和经费的管理，积极寻求在产出科研成果的高校和研究所与应用这些技术的企业和创业者之间架设桥梁的不同方式。设置国家科研议程是为了帮助科研机构把握研究方向，产出更有实用性的成果。成立国家知识联盟是为了将科研成果的产出者和使用者联系起来，共同为更广阔的科研前景努力。最后，荷兰科学研究院在设置科研主题时并未区分自然科学和社会科学，特别是在语言研究领域，尝试将语言与科技相结合，推动语言生活研究。已经结项的荷兰科学研究院资助项目包括对《荷兰语言学》（*Nederlandse Taalkunde*）期刊、《荷兰语言文学》（*Tijdschrift voor Nederlandse Taal- en Letterkunde*）期刊和荷兰手语语料库（Corpus Nederlandse Gebarentaal）的资助。对《荷兰语言学》和《荷兰语言文学》两本学术期刊的资助均属于传统的语言生活研究，但从建设荷兰手语语料库开始，荷兰科学研究院已经逐步探索由对语言研究的资助转向技术型研究的可能。国家科研议程在2018年启动后，荷兰科学研究院在语言生活研究领域的资助项目包括人工智能和大数据的应用、为专门服务老年人的护理机器人配备方言的可能性、语言在可持续发展社会中的作用等。荷兰科学研究院在项目招募时期就注重语言智能化和信息化研究，在一定程度上推动了荷兰此类成果的产出。

2.3.1.2　合作研究机构

荷兰语作为一种跨境语言，不只吸引荷兰研究者的关注。在荷兰语本体研究、文学研究和教育研究等方面，荷兰通过荷兰语语言联盟与其他国家的研究机构合作，发展合作研究基地，从而更有效地开展荷兰国家语言生活研究。

荷兰语言研究院（Instituut voor de Nederlandse Taal）是从事荷兰语本体研究最重要的研究机构。研究主题包括现代荷兰语词汇和语法、古荷兰语以及荷兰语语料库和智能工具开发等。尽管该研究院总部位于荷兰莱顿（Leiden），但由荷兰语语言联盟资助，实际上属于跨国合作研究机构，研究成果也适用于整个荷兰语区，为荷兰语的规范化和信息化作出了重要贡献。

荷兰语语言联盟亦在荷兰国家语言生活研究中扮演着重要角色。它不仅是荷兰语区语言生活研究资源的协调者，也是重大语言研究项目的执行者。2017年，荷兰语语言联盟与荷兰皇家图书馆耗时12年，合作推出了荷兰文学研究领域的重量级出版物：八卷本《荷兰语文学史》（*Geschiedenis van de Nederlandse literatuur*）。这套出版物不仅是荷兰文学研究者的重要参考文献，也是荷兰语文学教育的高质量教学材料，是可以在下一个十年影响无数人对荷兰文学认识的重要著作。但是，荷兰语语言联盟并未止步于此。目前，八卷本《荷兰语文学史》中已有两部可以在荷兰数字文学图书馆（Digitale Bibliotheek voor de Nederlandse Letteren）免费阅读或下载。2020年，荷兰语语言联盟与荷兰皇家图书馆合作上线了《荷兰语文学史》网站[1]，以扩大这套重量级作品的影响力。

1　网址：Literatuurgeschiedenis.org。

外语专名委员会（Commissie Anderstalige Namen）是非常有代表性的专门领域跨国合作机构。境外国家城市名称、地理标志物名称和外语人名等专名是语言规范化工程的组成部分。外语专名委员会就是为这些外语词汇的标准荷兰语名称制定标准的机构。该机构的主要特点是专业性强，但成员背景多样。标准外语专名的推广仅依靠制定标准是无法实现的，因此外语专名委员会邀请荷兰、比利时的高校教师、语言学家、文学家、专业翻译、外交官以及电视和出版行业从业者共同参与规则制定与实施，以点带面提升外语专名标准化的效率。

除了荷兰语，荷兰的通用语言还包括区域通用语弗里斯语及区域语言林堡语（Limburgs）和低地撒克逊语（Nedersaksisch）。对这些语言的研究也是荷兰国家语言生活研究的一部分。在这一研究领域，荷兰同样选择进行国际合作，但这一选择的初衷和侧重点有所不同。荷兰对弗里斯语、林堡语和低地撒克逊语的研究出于保护和推广的目的，合作范围不再局限于荷兰语区的国家，而是扩展至欧洲其他国家的相关机构。墨卡托欧洲多语种和语言学习知识中心（Mercator Europees Kenniscentrum voor Meertaligheid en Taalleren）就是一个典型的区域语言合作研究机构。该中心由弗里斯语学会主办，办公地点设在弗里斯兰省，但通过欧洲墨卡托合作网络（Mercator Network）与其他国家的机构共同研究如何通过家庭、学校和文化活动推动区域或少数民族语言的教育与发展。

2.3.1.3 系列研究项目

系列研究项目是荷兰国家语言生活研究的一大亮点。语言生活在不断向前发展，使用相同方法对相同主题进行追踪式定期研究，可以更精准地发现语言生活中的发展趋势。

荷兰语语言联盟每两年开展一次的荷兰语地位调查（Staat van het Nederlands）是对语言使用情况的专门研究。该系列调查以网络调查问卷开展，调查对象是居住在荷兰、比利时法兰德斯大区和苏里南共和国（2018年荷兰语地位调查新加入国家）的居民，他们的通用语或官方语言为荷兰语。目前，荷兰语地位调查已分别在2016年、2018年和2020年完成，调查报告分别在2017年、2019年和2021年完成，其中2021年的报告还在荷兰兰诺出版社（Uitgeverij Lannoo）的支持下，成为《荷兰语语言图景》（*Atlas van de Nederlandse taal*）的一部分。自2018年起，荷兰语地位调查中对荷兰境内居民的调查由默滕斯研究所负责实施，研究重点包括：(1)在社会交往中和社交媒体上的语言使用情况；(2)方言、区域语言的掌握和使用情况；(3)高等教育和学术界的语言使用情况。

荷兰语地位调查不仅为荷兰中央政府和弗里斯兰省政府的语言规划落实情况提供了重要反馈，也是荷兰通用语普及以及和谐语言生活建设的重要政策参考。

弗里斯兰省政府开展的弗里斯语言使用和语言水平系列调查要早于荷兰语地位调查。呈现调查结果的《弗里斯语语言图景》已分别在2007年、2011年、2015年和2020年出版。弗里斯语言使用和语言水平系列调查与荷兰语地位调查最主要的区别在于，前者作为对少数民族语言的普查，同时关注弗里斯兰省居民对该语言的掌握程度，这是荷兰语地位调查所欠缺的。也正因为如此，荷兰语规范化工程的落实效果缺少实证研究证据。[1]

"清楚明了"（Direct Duidelijk）并非传统的学术研究项目，而是一项长期的公益宣传项目。该项目主要针对政府机构，调查政府机构工作人员的语言使用情况，因此成为荷兰国家语言生活研究的一个亮点。荷兰的国家语言规划强调实用性，行政语言是保证荷兰语通用语地位的重要支柱。因此，政府机构工作人员能够使用标准、易懂的荷兰语与居民进行交流至关重要。该项目自2018年启动以来，推出了信息时代与政府交流数据报告、《欧框》B1等级对有效沟通的重要性等研究。

荷兰国家语言生活研究有两个显著特点。一是对合作的重视。无论是研究语种（荷兰语、弗里斯语、林堡语等），还是研究领域（语言本体研究、文学研究等），均强调跨国界、跨领域的合作。二是兼顾其他国家

---

1 见本书3.2节。

语言能力分项。上文提及的荷兰国家语言生活研究机构和项目在关注国家语言治理能力的同时，对国家语言核心能力（国家语言和谐生活建设）和国家语言战略能力（国家通用语国际拓展）进行了思考，体现了荷兰国家语言治理能力建设的全面性。

2.3.2　荷兰国家语言生活交流

与荷兰国家语言生活研究类似，荷兰国家语言生活交流也是在荷兰语区、欧洲乃至全球的大背景下展开的，并不局限于荷兰境内。

荷兰语教育大会（HSN Conferentie Onderwijs Nederlands）是每年举办一次的主题学术会议，轮流在荷兰和比利时两地举办。会议主题涵盖荷兰语教育的各个层次、对象、形式和阶段。大会结束后均会出版一卷会议论文，目前已出版了 34 卷，是荷兰语教育研究的重要参考资料。

跨高校语言习得讨论会（Vereniging Interuniversitair Overleg Taalbeheersingcongres）是每三年举办一次的专题学术会议，同样轮流在荷兰和比利时两地举办，承办机构均为两地的学术性大学（universiteit）或应用科技大学（hogeschool）。跨高校语言习得讨论会同样将每届大会的成果结集成册，期刊名为《语言习得》（*Tijdschrift voor Taalbeheersing*）。

广义的荷兰语区除了荷兰和比利时法兰德斯大区，还包括苏里南共和国和荷兰王国其他构成国。因此，对荷兰语语言和文化的研究自然也不局限于欧洲。加勒比海荷兰研究大会（Caribische Associatie voor Neerlandistiek Conferentie）是每两年举办一次的地区性学术会议，议题包括荷兰语语言学、文学、教育和语言文学国际推广等。

荷兰研究学术讨论会（Colloquium Neerlandicum）是每三年举办一次的全球性学术讨论会，由国际荷兰语研究者联合会（Internationale Vereniging voor Neerlandistiek）主办。荷兰研究学术讨论会的优势在于邀请来自世界各国的荷兰语教师、荷兰研究专家和翻译家参会，既可以就学术成果、专业经验和职业前景等议题展开交流，也能够以此为平台建立新的合作关系。

荷兰国家语言生活交流主要以学术会议及其产出文献为媒介，不受地理范围限制，重视荷兰语区甚至全球范围内的经验交流。

2.4 荷兰国家语言治理能力建设小结

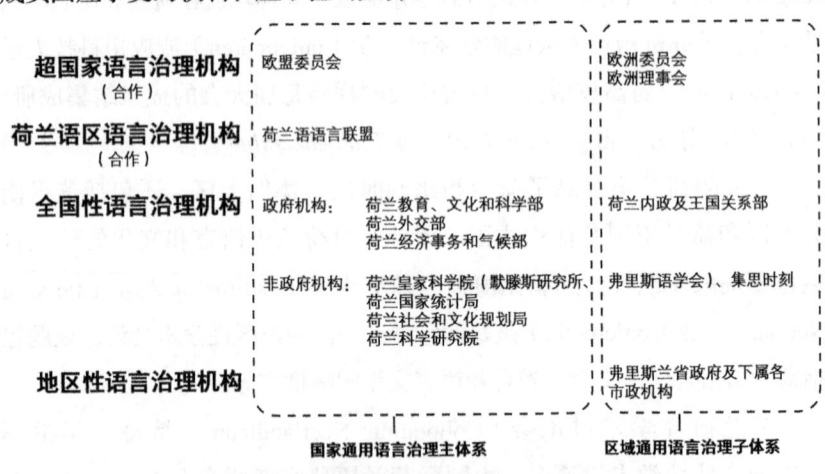

荷兰国家语言治理机构体系根据治理对象，可以分为国家通用语言治理主体系和区域通用语言治理子体系；根据治理机构的性质，可以分为地区性语言治理机构、全国性语言治理机构、荷兰语区语言治理机构和超国家语言治理机构（见图2.5）。就体系完整度而言，荷兰国家语言治理机构体系分工明确、层次清晰。此外，在荷兰国家通用语言治理主体系和区域通用语言治理子体系中，各治理机构层次之间并非孤立存在，而是通过各类约定形成上下联系或跨级合作。例如，弗里斯语语言治理一方面依靠荷兰中央政府赋予弗里斯兰省政府的权力，另一方面也依托于荷兰作为欧盟成员国应享受的权利和应承担的义务。

	国家通用语言治理主体系	区域通用语言治理子体系
超国家语言治理机构（合作）	欧盟委员会	欧洲委员会 欧洲理事会
荷兰语区语言治理机构（合作）	荷兰语语言联盟	
全国性语言治理机构	政府机构：荷兰教育、文化和科学部 荷兰外交部 荷兰经济事务和气候部 非政府机构：荷兰皇家科学院（默滕斯研究所） 荷兰国家统计局 荷兰社会和文化规划局 荷兰科学研究院	荷兰内政及王国关系部 弗里斯语学会、集思时刻
地区性语言治理机构		弗里斯兰省政府及下属各市政机构

图2.5 荷兰国家语言治理机构体系

在传统的国内语言治理机构建设范围之外，荷兰中央政府通过国际合作推动国家语言治理能力建设。荷兰语是荷兰、库拉索、荷属圣马丁、阿鲁巴、比利时和苏里南共和国的通用语言或官方语言之一。其中，库拉索、荷属圣马丁、阿鲁巴与荷兰同为荷兰王国的构成国，但分别处在各自政府治下。苏里南共和国是荷兰在南美洲的前殖民地，独立之后与荷兰保留了诸多经济合作。荷兰和比利时为邻国，且比利时法兰德斯大区（即荷兰语区）与荷兰接壤。在此情况下，荷兰与这些国家合作进行国家语言治理总领机构的规划和建设，体现了荷兰中央政府将语言事务放在国际化层次进行思考，而国际化思考也贯穿荷兰国家语言能力建设的各个方面。

荷兰国家语言规划制定与实施具有三个显著特点：灵活性、注重实用性及可持续性、重视科技发展对语言及教育的影响。

灵活性主要体现在荷兰对各层次语言治理及各类语言事务的处理不拘泥于国界或国家和区域通用语边界。荷兰语的治理不限于荷兰国内，而是上升到荷兰语区、欧洲乃至全球层面（荷兰语也是苏里南共和国的官方语言之一）。弗里斯语是荷兰的区域通用语，但其治理也考虑到弗里斯语语言和文化在荷兰国内乃至全欧洲的推广。语言是教育的重要对象之一，也是教育的重要载体。荷兰中央政府在教育之外，还将荷兰语能力建设视为经济事务、社会事务、外交事务，这也是灵活性的体现。此外，荷兰的国家语言规划能够做到一事一策、一地一策，灵活性极强。荷兰语是全国通用语，其治理规划是全国性的，同时与荷兰语区和欧洲两个超国家规划接轨。弗里斯语作为少数民族语言，其治理规划又分为弗里斯兰省规划和各市政机构规划，充分考虑到各社会群体的权利与需求。作为教育对象的荷兰语，既作为母语讲授，也是部分群体的第二语言，所以也需要区别对待。荷兰以中央政府为中心的语言规划对各治理层级、社会群体和领域事务的充分考虑使规划的制定和落实具有非常强的灵活性。

对语言规划实用性和可持续性的关注是荷兰国家语言规划的另一特点。荷兰中央政府的语言规划是上承荷兰语区和欧洲超国家语言规划，下启地区性语言规划的核心。在整个规划体系中，对个人能力的培养始终贯穿其中。语言能力被视作个体在知识学习和技能训练中必须具备的一项基本能力，是积极参与社会活动的基础。这一政策出发点与传统的增进民族团结、传承文化历史的政策出发点不尽相同。这种实用主义视角是荷兰国家语言能力建设的一大特色。语言能力对个体的重要性不仅体现在义务教育和高等教育阶段，参与社会活动的个体也需要适应社会的发展趋势，不断接受新知识、学习新技能。因此，语言能力对个人的可持续发展至关重要。其实不只是个体，国家语言规划本身也需要持续支持。语言规划只能提供政策性指导，其落实需要依靠各执行机构。荷兰在制定国家语言规划过程中考虑到这一点，将资源向执行机构倾斜，除了给予短期资金和其他支持，还注重培养这些机构的可持续发展能力，使其在现行支持政策到期后能够继续发挥作用。

荷兰国家语言规划还关注科技发展给语言带来的影响，并积极思考如何加以利用。信息化发展给语言使用者和学习者带来了新的挑战，荷兰中央政府在语言规划中提出相关对策。例如，为已经走上工作岗位的群体提供专项训练，帮助其适应新的工作语言环境。同时，科技进步也给语言教育和语言研究带来了新的可能。信息技术在语言教育中的应用和语言文化资源的数字化可能性就是最好的证明。荷兰对语言信息化和智能化的建设将在本书第三章得到系统性介绍。

重视合作和语言与科技发展的互动关系也是荷兰国家语言生活研究与交流的重要特点。荷兰语仅在荷兰和比利时（使用范围主要局限于法兰德斯大区）具有法定地位，且这两个国家的国土面积有限。但是，荷兰并未将与荷兰语相关的研究限定在这一地理范围内，而是积极寻求跨国合作，这样不仅能够提升研究成果的质量与影响力，还能以此为契机将国家语言治理能力、核心能力与战略能力联系起来。此外，关注语言与科技发展的互动关系也是贯穿荷兰国家语言治理能力建设过程的亮点。荷兰国家语言生活研究与交流自然也不例外。科技的高速发展和社会的数字化转型给语言带来了挑战，研究语言如何适应这种变化甚至参与语言技术的发展，是为语言的未来投资的一种尝试。

第三章
荷兰国家语言核心能力建设[1]

国家语言核心能力分为国家通用语普及、国家通用语规范使用、国家语言智能化、国家语言和谐生活建设四个部分。

荷兰的通用语共有两种：全国通用语荷兰语和弗里斯兰省通用语弗里斯语。弗里斯兰省位于荷兰北部，人口数量约62万，其中超过一半的人口将弗里斯语视为母语（Mercator European Research Centre on Multilingualism and Language Learning 2007）。

本章主要涉及以下内容：(1) 分别从荷兰语和弗里斯语的普及政策出发，解析荷兰通用语政策制定的出发点和落脚点；(2) 介绍荷兰为实现荷兰语和弗里斯语规范化出台的规范政策和落实政策；(3) 介绍荷兰在语言信息化和智能化领域取得的成果；(4) 关注荷兰在处理国家通用语、地区民族语言和方言之间的关系，以及保证盲人和聋人语言使用权利等方面制定的政策及采取的措施。

---

[1] 本章部分内容曾以论文形式发表，参见 Zhang, J. 2021. Functional and facilitating: A look into the promotion and standardization of Dutch as the official language in the Netherlands. *Politeja* (4): 189-203.

3.1 荷兰通用语的普及

荷兰的宪法并未对通用语言进行规定。荷兰语作为全国通用语的地位和弗里斯语作为弗里斯兰省通用语的地位由行政、教育和媒体三个领域的立法确立。下文依次介绍荷兰语和弗里斯语的通用语普及政策。

3.1.1 全国通用语的普及政策

荷兰社会高度开放、文化多元。长期的国际商贸实践与文化交流也使得荷兰对外来者有着较高的包容度（Wennekers et al. 2019），这反映在荷兰人的语言习惯中。研究表明，荷兰使用率最高的外语是英语，其次是德语（Van Onna & Jansen 2002），这可能会给荷兰语的国家通用语地位带来挑战。除此之外，土耳其语、摩洛哥阿拉伯语等移民语言近年来也逐渐成为可能动摇荷兰语国家通用语地位的影响因素。荷兰语作为荷兰的全国性通用语言，其地位并非由荷兰宪法保证，而仅由行政、教育和媒体三个领域的立法保证。那么，这三个领域的法律规定能否提供足够的政策力，以帮助荷兰语应对来自其他语言的挑战？

3.1.1.1 行政语言

作为行政领域通用语言的荷兰语，其地位由1992年颁布的《通行行政权法》确立。其中，第二章"公民和政府部门的交往"（Verkeer tussen burgers en bestuursorganen）规定，除另行规定外，政府部门及其公务人员使用荷兰语。

值得注意的是，《通行行政权法》还规定，若使用另一种语言有助于当前目标的达成且不损害第三方利益，则视为前述规定（使用荷兰语）的例外情况。这一规定实际上为在特定情况下不使用荷兰语提供了法律依据，如荷兰国家元首及政府官员可以在国际场合使用英语开展外交活动。荷兰的国民人均英语水平在欧洲位居前列，荷兰国王、首相、外交部部长、文化部部长等内阁成员均能够熟练地使用英语进行对外交流。特别是在联合国大会（General Assembly of the United Nations）、欧洲议会（European Parliament）这样的多边外交场合，使用英语可以更直接、更准确地表达荷兰的立场和观点。由此可见，荷兰在法律制定阶段，不仅考虑了荷兰语作为通用语的使用，同时也考虑到将荷兰语确定为唯一行政语言可能给外交活动造成的阻碍，因此从法律上对可不使用荷兰语完成行政任务这一情况作出了明确规定。仅就行政立法考虑到外交实践的效率这一点而言，荷兰针对国家通用语的立法具有视野国际化的特点。

3.1.1.2 教育语言

荷兰教育体系由初等教育、中等教育和高等教育三部分组成。其中，初等教育对象为4—12岁儿童，中等教育对象为完成初等教育的12岁以上学生，高等教育对象为完成中等教育且愿意继续求学的学生。荷兰《初等教育法》《中等教育法》《高等教育和科学研究法》均规定，教育（及其考试）以荷兰语施行。

每个教育阶段的法律也规定了上述法令适用的例外情况。《初等教育法》规定，为使非荷兰文化背景的学生适应荷兰语教育并与其接轨，该学生的来源国之语言可以在授权机构准许的范围内作为共同教育语言使用。《中等教育法》规定，若教学目标为另一种语言或者为满足特定情况、教育实施或质量、教育对象的来源需要，则视为上一条规定（教育以荷兰语施行）的例外情况。此外，《中等教育法》专门为解决荷兰语语言能力滞后的问题提供了方案，即（教育机构）可以有组织地使用有效手段对教育形式作出调整，以提升学生的荷兰语语言能力。《高等教育和科学研究法》规定，以下情况视为上述规定（教育以荷兰语施行）的例外情况：a. 若教学目标为另一种语言；b. 若该节课由说外语的客座教师讲授；c. 为满足特定情况、教育实施或质量、教育对象的来源需要，但必须符合该教育机构制定的相应语言使用行为准则。

荷兰教育领域的法律体系在确立荷兰语作为教学语言的同时，也考虑到移民及其后裔、外国学生和外国教师在教育活动中的语言需求。为了帮助初到荷兰的移民及其后代学习荷兰语，中学可以在一定范围内将荷兰移民的母语作为辅助教育语言，帮助移民融入社会。从中学阶段开始就允许外语教学不使用荷兰语，保障了学生的外语学习质量，且这项规定一直延续到高等教育，让学生在各个教育阶段都能选择接触一门新的外语，享受优质的外语学习环境。荷兰是西欧非常受欢迎的留学目的地之一，其竞争优势除高等学府资源丰富、教育质量高之外，还包括英语教学项目数量多，可选择的余地大。这种优势的基础就是教育领域法律体系中关于教学语言的特殊规定，即在保证教育质量的情况下，学校特别是高校有权决定使用其他语言教学。荷兰高校提供的英语教学本科、硕士研究生、博士研究生项目吸引了来自世界各地的学生，不但为荷兰带来了可观的教育收益，也吸引了数量可观的外国学者在荷兰任教，为国家引进了人才。同行政法一样，荷兰在教育领域的语言法规同样具有立法视野国际化这一突出特点。

3.1.1.3 媒体语言

作为媒体通用语言的荷兰语，其地位由荷兰《2008年媒体法》确立，即全国和地方公共媒体应保证在其电视频道的播出时间内提供不少于50%的荷兰语或弗里斯语原版媒体内容，（商业媒体）在其电视频道的播出时间内提供不少于40%的荷兰语或弗里斯语原创媒体内容。另外，《2008年媒体法》还规定，荷兰教育、文化和科学部部长（在与荷兰经济事务和气候部部长协商一致后）负责为荷兰语音乐电台指定无线电频率范围。

在荷兰，新闻报道或电视节目中出现的英语等外国语言通常仅提供荷兰语字幕，而非使用荷兰语配音覆盖原音。荷兰国民整体英语水平较高在某种程度上归功于此。在保证媒体环境多元化的同时，荷兰也注重对本土语言的保护，立法规定了荷兰语节目在日常播出时长中所占的比例，让荷兰语能够通过新闻、访谈、娱乐和戏剧等节目形式渗透到国民生活的各个方面。将荷兰语作为媒体语言，既保证了荷兰语的生命力，也为国民提供了接触标准荷兰语的便捷渠道。

3.1.1.4 荷兰语普及政策的特点

荷兰学者 Yagmur（2014）认为，荷兰的语言政策遵从公民意识形态，即政府不干预国民在家庭环境中使用的语言，但也不为各国民群体自有语言或文化价值观的维护和推广提供支持，体现了荷兰的政策力重点清晰。荷兰语普及政策的政策力重点是确立荷兰语在社会公共空间的地位。具体落实举措是确保义务教育阶段的学生能够掌握足够的荷兰语能力，确保国民在日常生活中能够接触到足够的荷兰语媒体内容，从而保证国民的荷兰语能力能够满足他们在社会中活动和发展的需要。

荷兰语普及政策的另一个突出特点是立法视野国际化。无论是在行政、教育还是媒体领域，相关法律都为荷兰语外的其他语言使用预留了足够的空间。这一政策出发点的优势是保持荷兰高度开放、文化多元的社会特点。外语能力是国际交往和商贸合作的基础。因此，荷兰语的普及政策试图在确保本国语言通用语地位和鼓励外语使用中找到一个平衡点。这一政策出发点的劣势是荷兰语的通用语地位很容易受到其他国际通用语或移民语言的挑战。根据文秋芳（2019：64）提出的评价指标，绩效力是指"普及通用语所取得的成效如何"。这也恰恰是荷兰语普及政策中较为薄弱的领域。

欧洲语言观察（European Language Monitor）对欧洲各国语言规划和立法进行长期追踪调查。在 2019 年发布的最新调查中，超过 75% 的荷兰参与者认为荷兰语是荷兰唯一的全国通用语，小于 5% 的参与者认为弗里斯语、英语和帕皮阿门托语（Papiamento）[1] 同为荷兰区域通用语言。[2] 实际上，英语和帕皮阿门托语的通用语地位并未受到荷兰法律保护。而在 2014 年的欧洲语言观察调查结果中，荷兰语被认为是唯一的全国通用语。[3] 由此可见，荷兰语的通用语地位确实受到了挑战。

---

1 帕皮阿门托语是在阿鲁巴和库拉索（荷兰王国位于加勒比海地区的构成国）以及博奈尔（荷兰王国位于加勒比海地区的海外领地）使用的一种克里奥尔语。
2 ELM4，检索条件：荷兰；筛选条件：1.1, 1.2 & 1.3；https://juniper.nytud.hu/elm4/browse#（2021 年 5 月 28 日读取）。
3 ELM3，检索条件：荷兰；筛选条件：1.1 & 1.2；http://clara.nytud.hu/elm3/_v2/index.php/query（2021 年 5 月 28 日读取）。

这种情况同样在荷兰语语言联盟的调查中得到印证。自 2016 年开始，荷兰语语言联盟开启了一项持续性的语言状况调查，名为"荷兰语地位调查"。其侧重点与欧洲语言观察稍有不同，它同时关注通用语、区域与少数民族语言和方言的使用状况。在 2017 年完成的调查报告中，74.9% 的非荷兰语母语受访者表示他们在日常交往中只使用荷兰语（Rys *et al.* 2017）。2019 年完成的调查报告主要关注对苏里南共和国语言使用情况的补充调查，因此没有提供同一问题的数据。在最新的 2021 年调查报告中，77.7% 的非荷兰语母语受访者表示自己在社交中只使用荷兰语（Rys *et al.* 2021）。相对宽松的荷兰语普及政策为非荷兰语母语者使用其他语言预留了空间。即使在公共场所，这一群体也更倾向于使用自己更熟悉的其他不享有通用语地位的语言。不过，鉴于超过 75% 的非荷兰语母语者仍然会选择在公共场所只使用荷兰语，荷兰语的全国通用语地位截至目前尚未受到实质性的打击。

由此可见，尽管荷兰语的普及政策具有重点清晰、立法视野国际化的优点，但其政策力偏重柔性推广而非强制使用，这使得荷兰语作为荷兰国家通用语的地位有被动摇的可能性。这一点需要长期追踪关注。

3.1.2　区域通用语的普及政策

弗里斯语在弗里斯兰省的法律地位由《弗里斯语使用法》确立。《弗里斯语使用法》规定，弗里斯兰省的官方语言为荷兰语和弗里斯语[1]，由此确立了荷兰语、弗里斯语双语并行的语言格局。

与全国通用语荷兰语相似，《弗里斯语使用法》也对通用语言在行政领域的使用有例外规定，即如果使用弗里斯语可能导致当前行政行为受到不公正的影响，则视为前述规定的例外情况，行政部门可使用荷兰语。弗里斯兰省的通用语言包括弗里斯语和荷兰语。在弗里斯兰省，有相当多居

---

[1]《弗里斯语使用法》于 2013 年颁布，其中本文提及的第 2 条规定是原"行政法的通行规则"（荷兰《通行行政权法》组成部分）原第 2 条第 7 款的规定（2014 年 1 月 1 日已从《通行行政权法》中删除）。

民只使用荷兰语,《弗里斯语使用法》对通用语的规定及其例外情况既保证了弗里斯语母语者的权益和弗里斯语通用语的地位,也考虑到荷兰语母语者在弗里斯兰省生活会遇到的问题。将弗里斯语确立为弗里斯兰省的通用语言是为了保护弗里斯语及其传承的文化和历史,但这种保护并未建立在荷兰语被弗里斯语取代的基础上,体现了荷兰通用语法律对象重点清晰的特点。

《初等教育法》确立了弗里斯语在弗里斯兰省学校中与荷兰语具有同等地位。同样,此规定也有例外情况:若相关机构提出申请且通过被授权的委员会审核,则该机构可以将弗里斯语作为教学语言之一或完全不使用弗里斯语教学。此种例外情况具有相应的监管措施:若教育机构没有满足相应条件,荷兰教育、文化和科学部部长有权撤销部分使用或不使用弗里斯语教学的决定。适用于此种例外情况的条件包括:学生的弗里斯语口语理解和表达能力、弗里斯语文本阅读能力、弗里斯语写作能力发展受到了阻碍;或者学生理解弗里斯语及学校培养学生积极使用弗里斯语时受到了阻碍。《中等教育法》对弗里斯语在中等教育的使用与《初等教育法》的规定大致相同,但强调了弗里斯语及其文化在教育目标中的重要性。《高等教育和科学研究法》中则没有针对弗里斯语的特殊规定。

法律对作为教育语言的弗里斯语的规定,体现了其重点是保护弗里斯语,但这种保护是有限度的,不应以在弗里斯兰省生活并接受教育的荷兰语使用者的教育质量受到影响为代价。因此,相关法律将平衡弗里斯语和荷兰语的主动权交给学校,把审核和监督的权力留在政府机构。如此一来,最了解自身情况的小学或中学可以根据学生的组成情况调整教学语言,如考虑家庭中使用荷兰语还是弗里斯语等因素,而政府机构则有权在必要时介入调控。

弗里斯语普及政策的重点是对弗里斯语作为弗里斯兰省通用语之一地位的保护,但考虑到在弗里斯兰省生活的荷兰语母语者,弗里斯兰省不强行要求所有行政、教育和媒体活动以弗里斯语进行,而是实行双语并行的政策。

3.2　荷兰通用语的规范化

本节运用文秋芳（2019）提出的国家语言能力构成新框架，考察荷兰国家通用语规范使用的政策力、实践力和绩效力。政策力涉及某国是否就其国家通用语言的规范使用制定了具体、完善的条例、标准等；实践力涉及条例、标准等是否得到了落实；绩效力涉及条例、标准等是否取得了切实效果。由于荷兰的通用语包括全国通用语荷兰语和弗里斯兰省通用语弗里斯语，故分别对其进行梳理和分析。

3.2.1　荷兰语的规范使用

使用荷兰语的规范由荷兰语语言联盟负责制定。作为通用语，荷兰语的全称是"标准荷兰语"，专指在荷兰、比利时等国被认定具有官方地位的语言。荷兰荷兰语（Nederlands-Nederlands）和比利时荷兰语皆为标准荷兰语的变体。[1]

Haugen（1966）提出，面对不同语言变体，在选择规范使用标准时，可以有两种途径：（1）通过语言学重构生成一种可以囊括所有方言的"母语"；（2）将使用频率最高、使用范围最广的语言形式整合起来，使其能够得到更广泛的认同。荷兰语选择规范使用标准的途径属于后者。荷兰语语言联盟将标准荷兰语界定为：在公共领域，包括教育、企业和媒体环境中，得到广泛使用的荷兰语。标准荷兰语的词汇、句型结构、谚语、俗语可以让使用者在熟悉的环境中不受阻碍地进行交流。[2]具体到荷兰中央政府的落实政策，荷兰不强行通过制度来规定标准荷兰语的使用，而是通过在行政、媒体、教育等掌握主流话语体系的领域推广标准荷兰语，潜移默化地让荷兰语使用者接受和使用标准荷兰语。

---

[1] 荷兰还存在林堡语、泽兰省方言（Zeelands）等语言变体，荷兰王国内还存在加勒比荷兰语（Carlibisch-Nederlands）、王国之外的苏里南荷兰语（Surinaams-Nederlands）等变体。

[2] 荷兰语语言联盟官网，标准语，https://taalunie.org/actueel/12/de-standaardtaal-maken-we-allemaal（2022年4月28日读取）。

需要说明的是，在政府机构和教育机构使用标准荷兰语具有强制性。但对于普通民众来说，规范使用标准仅用于参考，如有违反，没有处罚机制。社会成员在工作、生活和学习中使用正确、标准的语言可以体现对交往对象的尊重，并且能够保证自己的言语或文字得到正确解读。这也是荷兰中央政府规范通用语言使用的抓手，即先保证政府工作人员和教育从业者能够规范、正确地使用语言，再借助社会生活需要，有效地吸引公民规范自己的语言使用。这种重视"拉动"而非一味"推动"的理念在荷兰通用语规范使用标准和落实措施中得到了集中体现，也表现出规范使用标准和落实措施之间结合紧密的特点。

荷兰用于规范荷兰语的标准体系非常完善，下文将梳理拼写、语法、语言使用建议、词典等方面的规范使用标准和相应的落实措施。

3.2.1.1 拼写

《荷兰语正式拼写规则》最早于 1804 年制定，包括元辅音拼写、大小写规则、符号使用、重音规则等。出版该拼写规则时，还有一个单词表同时面世，收录了符合正式拼写规则的单词和一些无法应用拼写规则的单词（如外来词）。2006 年，荷兰《正字法》正式生效，为荷兰语语言联盟制定的拼写规则提供了合法性依据。现行的荷兰《正字法》是 2021 年 7 月修订并生效的版本。

拼写规则是规范拼写的标准，但要求语言使用者在语言实践中随时翻阅拼写规则来解决问题显然是不现实的。因此，荷兰在制定拼写规则之初，在规范使用标准的基础上，开发了更具实用性的配套单词表以方便语言使用者随时查询。除了拼写规则，开发单词表的传统延续至今，体现了荷兰规范通用语使用标准和落实措施之间结合紧密的特点。

作为落实措施的单词表自 1995 年起被正式命名为《荷兰语词汇表》，收录标准荷兰语词汇的全部正式拼写。拼写规则和词汇表均由荷兰语语言联盟整理和维护。荷兰语语言联盟定期对《荷兰语词汇表》进行更新和补充，其规模已从 2015 年的约 10 万检索词增长至 2022 年的约 19.3 万检索词。[1] 这是规范荷兰通用语使用最重要的官方手段之一，同时保证了拼写规则和词汇表的权威性。

拼写规则和词汇表分为在线和纸质两种官方版本。纸质版本名为《绿皮书：荷兰语词汇表》，分别于 2005 年、2015 年出版发行，收录荷兰语拼写规则文本及当时最新版的词汇表的全部内容。在线版即《荷兰语词汇表》网站。[2] 该网站提供《荷兰语正式拼写规则》的在线查阅功能，并提供 PDF 版本供下载使用。[3] 但更受使用者青睐的是该网站的检索功能，使用者输入关键词即可获得任一标准荷兰语词汇的词性、拼写、音节、词形等信息。检索功能免费向公众开放，很好地体现了荷兰语规范使用标准及其落实措施使用成本低的特点。使用成本不仅包括用户使用该服务须支付的费用，还包括用户抵达该服务所在平台须付出的时间和金钱成本。在互联网时代，无论用户手机还是电脑，网页都是使用门槛最低的平台之一。为语言使用者提供免费的网页检索平台，能够最大程度地降低用户在寻找当前语言使用问题答案时须付出的时间和努力，有助于促进用户规范自身的语言使用。

与词典不同，《荷兰语词汇表》不提供检索词的词义解释，仅用于查询拼写、语法变位和词性等信息，其优势在于可以根据语言使用者在《荷兰语词汇表》网站上的检索，识别出新的荷兰语词汇，将其收录在资料库中。荷兰语语言联盟将语言使用者搜索某一单词的频率作为是否收录该词的考量标准之一，体现了荷兰语规范使用标准与时俱进的特点。语言在不断发展，语言规范使用标准也需要与时俱进。基于网络平台的交互性，用户反馈可以帮助语言规范使用标准制定者发现最新的发展趋势，及时对标准进行更新和修订，让语言和使用者始终保持同步。

《荷兰语词汇表》只提供荷兰语词汇的拼写、重音、变位等信息，不提供单词释义，因此，为方便语言使用者和学习者选择合适的词典等参

---

[1] Instituut voor de Nederlandse Taal（INT）官方网站，《荷兰语词汇表》介绍，https://ivdnt.org/spelling-grammatica/spelling-groene-boekje/（2022 年 11 月 28 日读取）。

[2] 网址：https://www.woordenlijst.org。

[3] 下载网址：https://woordenlijst.org/leidraad。

考工具书，荷兰语语言联盟设置了"拼写标准认证"（Keurmerk Spelling）体系。经荷兰语语言联盟认证的符合荷兰语正式拼写的出版物或网站可获得"荷兰语语言联盟正式拼写"认证标识（见图3.1）。目前，获得此标识的不仅有词典、拼写工具书、教材等出版物，还包括在线语言教学网站等。语言规范使用标准涉及面广、内容庞杂，仅靠荷兰语语言联盟推行具体的落实措施难免力有不逮，"拼写标准认证"体系帮助解决了这一问题，既提升了落实措施的权威性，为语言使用者根据自身需求和水平进行选择提供了空间，又降低了用户在众多选项中挑选可靠产品须付出的成本，有利于"拉动"语言使用者自觉、自愿地规范自身语言使用。

图3.1 "荷兰语语言联盟正式拼写"认证标识

3.2.1.2 语法

从1960年开始，从事对外荷兰语教学的教师、比利时荷兰语区的教育机构和愈发壮大的荷兰记者、公务员等群体开始表达出制定明确的荷兰语语法使用规则的需求。基于此种需求，自1976年起，荷兰、比利时的科研机构人员开始合作编纂第一版《通用荷兰语语法》（*Algemene Nederlandse Spraakkunst*）。荷兰语语言联盟成立后，开始参与项目资助和管理工作，直至1984年，第一版《通用荷兰语语法》出版。为了弥补其中的不严谨和遗憾之处，荷兰和比利时两国学者于1991年开始对第一版《通用荷兰语语法》进行修订，第二版《通用荷兰语语法》于1997年出版。

由于纸质书籍的出版发行规模有限,且携带查阅不便,两个版本的《通用荷兰语语法》虽然在规范通用语言使用上取得了一些成绩并得到了社会关注,但未能完全实现荷兰语语言联盟期待的得到社会广泛接受和使用的效果。[1]因此,荷兰拉德堡德大学(Radboud Universiteit)文学院与荷兰语语言联盟合作,共同出资开发了第二版《通用荷兰语语法》的在线版本《通用荷兰语语法电子版》(*Elektronische Algemene Nederlandse Spraakkunst*),于 2002 年完成制作并正式上线。作为最权威的荷兰语语法参考资料,《通用荷兰语语法》及其在线版本包括荷兰语单词、词组、句子和基本规则四个章节,详细描述语法使用规则并提供了参考例句。

对于语言使用者来说,一方面,免费的《通用荷兰语语法电子版》降低了查阅语法规则的经济成本;另一方面,除了描述语法规则,《通用荷兰语语法电子版》还提供相应的例句文本供语言使用者检索,进一步降低了使用者在解决语言问题时所付出的时间成本。更重要的是,《通用荷兰语语法电子版》的开发为及时更新和修订语法规则提供了可能性。《通用荷兰语语法电子版》自 2002 年上线以来,已经历过两次修订,现行版本是 2012 年修订完成的,实现了语法规则的与时俱进。2021 年,《通用荷兰语语法》开启第三版修订工作,名为"ANS3 计划"。[2]荷兰语语言联盟不再为此次修订工作提供资金支持。修订工作由荷兰拉德堡德大学文学院牵头完成。

《通用荷兰语语法电子版》免费向公众开放,为语言使用者和学习者提供了极大便利,但他们在实际语言使用中,不免会遇到一些具体问题,很难迅速在《通用荷兰语语法电子版》中找到相应规则。为解决这一问题,荷兰语语言联盟开发了使用工具网站"语言使用建议",为大众提供具体语言问题的专业解答。[3]

---

1 Algemene Nederlandse Spraakkunst 网站,ANS 介绍,https://e-ans.ivdnt.org/over(2022 年 4 月 28 日读取)。

2 Algemene Nederlandse Spraakkunst 修订网站,https://ans.ruhosting.nl/(2022 年 4 月 28 日读取)。

3 语言使用建议网站,https://taaladvies.net/(2022 年 4 月 28 日读取)。

语言使用建议网站为语言使用者提供词汇使用、时态选择、词组结构等方面的建议。它采用问答形式，方便遇到问题的语言使用者进行有针对性的查询。所有语言使用建议和例句均经过荷兰和比利时荷兰语区多位语言专家的共同研究和一致同意，符合《荷兰语词汇表》的拼写要求，是荷兰语母语者和外语学习者的重要参考资料，具有极高的权威性。用户既可以按照字母顺序、主题分类查找语言使用规则或相关例句，也可以直接检索所需的语言使用规则或相关例句，亦可以直接在搜索引擎中输入自己遇到的语言使用问题并获得解答。使用网络平台和问答形式提高了信息到达用户的速度，降低了用户获取语言使用规范的时间成本；而网站的全部内容均免费向公众开放，用户无须付出更多成本就能够获取所需内容。

如果一名中学生在写小作文时，不确定"长久以来"的荷兰语表述是单词 allang 还是词组 al lang，就可以在搜索引擎中输入"allang of al lang？"（两个单词是否应该连写？）。以搜索引擎"必应"[1]为例，第一条搜索结果就是由语言使用建议网站提供的（见图3.2）。这名学生甚至不需要点开跳转链接，就能够看到经过专家评议的建议：是否应该连写取决于想要强调"很久以来"还是"已经完成"的意思，如果强调"很久以来"，那么应该连写；如果要强调"已经完成"，则应该分开写。这名学生用几秒钟就可以获得解决当前语言使用问题的建议，据此选择正确的形式。

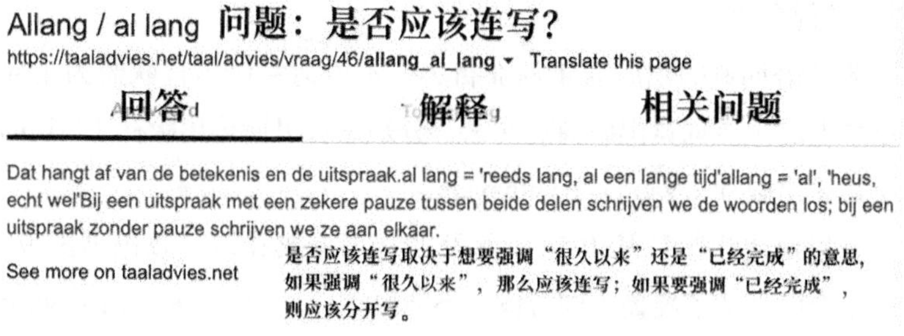

图 3.2 以"allang of al lang？"作为检索词在搜索引擎"必应"得到的搜索结果（语言使用建议网站对 allang 和 al lang 给出的语言建议）

1　网址：https://cn.bing.com。

如果用户发现当前的语言使用问题不能在该网站找到答案，还可以在首页点击"提出语言问题"向语言专家提问，让语言使用建议能够随着语言的发展得到更新。

对规范语言的使用来说，语法规则的重要性无须赘述。但在语言实践中，翻阅语法书来寻找某一具体问题的答案往往是不现实的。因此，荷兰选择使用免费网站和易于检索的问答形式为公众提供更加便捷可用的语言使用建议；再以网络平台为依托，从用户角度出发进行产品设计，降低了语言使用者获取权威语法规则所付出的时间和金钱成本，"拉动"语言使用者主动寻求标准的语言实例，主动规范自己的语言使用。网络平台的交互性让规则制定者能够及时获知语言使用者面临的问题和困惑，从而及时进行更新和补充，让语法规则紧跟语言发展的脚步。

3.2.1.3 词典

不同于拼写和语法的规范使用标准及落实措施，规范单词词义和使用方法的词典本身就是标准和落实措施的结合体。

由荷兰语词汇学研究所（Instituut voor Nederlandse Lexicologie）[1]开发和维护的《通用荷兰语词典》（*Algemeen Nederlands Woordenboek*）是一本在线词典，因其在规范语言使用方面的作用弱于学术意义，故将在本书3.3节进行介绍。

荷兰语词典的出版属于商业行为，不以荷兰语语言联盟为主导。目前市场上的主流词典出版商有两家，分别是普里斯玛出版社（Prisma）和范·达勒出版社（Van Dale Uitgevers）。

普里斯玛出版社从1954年起开始从事词典和语言教科书出版工作，发展至今已形成了覆盖不同群体、不同层次、不同介质的完整产业链，并获得"荷兰语语言联盟正式拼写"认证标识。普里斯玛出版社的荷兰语词典分为小词典（miniwoordenboeken）、词典（woordenboeken）、大词典（groot

---

[1] Instituut voor de Nederlandse Taal（INT）官方网站，INT组织介绍，https://ivdnt.org/over-ons/over-het-instituut/（2022年4月28日读取）。

woordenboeken）、小学生词典（basisonderwijs woordenboek Nederlands）和中学生词典（woordenboek voor vmbo），供不同人群选择购买。另有荷英、荷法、荷德、荷意、荷西等双语词典出版发行。

但是，在如今的信息时代，一部分使用者已经开始觉得纸质词典的便捷性较差，比语法书使用频率更高也更加厚重的词典自然也面临变革的挑战。普里斯玛出版社除纸质词典外，还提供另外两种形式的词典：在线网页版和手机应用程序版，但由于词典出版是商业行为，两种非纸质版本词典的使用均收费。在线网页版词典以年为单位收取订阅费，用户先在普里斯玛出版社官方网站注册账户并付款订阅，之后便可以随时上网使用服务。用户还可以根据使用需求选择在线网页版小词典或大词典，根据网站建议，小词典更适合中小学生，一年的订阅价格也更便宜。手机应用程序版词典提供安卓系统和苹果 iOS 系统两个操作平台，从普里斯玛出版社官方网站可以直接跳转至对应的应用商城进行购买。与在线网页版词典类似，手机应用程序版词典也有不同容量的词典可供选择，但手机应用程序版词典是一次性购置，可以离线使用和免费升级。

范·达勒出版社的整体出版物结构和提供的电子化服务与普里斯玛出版社基本相同。但是，范·达勒出版社额外提供部分单词的免费在线检索服务，用户无须注册付费就能检索部分常用词语。免费检索获得的结果比付费版本要简单得多，且不提供发音、用法等详细信息。

两家出版社都有丰富的词典编纂和出版经验，在权威性上得到荷兰语语言联盟和语言使用者的认可。在线网页版词典和手机应用程序版词典的售价比纸质词典更低，从一定程度上减轻了使用者的经济负担。电子化词典可以让使用者非常便捷地检索，并可以在单词解释的例句或词组建议中直接点击感兴趣的单词跳转查询，让使用者在最短时间内以最快的速度获取所需信息。另外，电子化词典提供单词的真人发音，让不熟悉国际音标的使用者也能通过词典自带的发音功能规范自己的单词发音，规范的使用范围更广。电子媒介的使用也让内容的定时更新成为可能。荷兰各类电子化词典的共同优势是电子化程度高。几乎所有发行量高的词典都有电子化版本。这与荷兰语语言联盟选择将规范荷兰语拼写和语法的落实措施电子化的初衷是相同的，都降低了语言使用者付出的时间成本。词典的编纂和出版需要耗费大量的人力和物力，因此多为商业行为。但是，荷兰词典出版商也在跟随科技发展的步伐，提供更便捷、更高效的服务方案，"拉动"语言使用者主动寻求规范、标准的语言使用建议。

综上所述，荷兰语作为荷兰的通用语，其规范使用标准和落实措施主要由荷兰语语言联盟及其认可的合作伙伴制定，保证了规则和衍生工具的权威性。此外，用于规范语言使用的规则和实用工具几乎全部向公众提供在线查询入口，通过网站的内部检索功能或搜索引擎来加快使用者获取语言使用规则的速度，降低了使用者的时间成本。除词典外的绝大多数语言使用规则或实用工具都免费向公众开放，而收费的电子化词典产品售价也比纸质词典稍低，进一步降低了使用者须付出的金钱成本。语言在不断变化，通过能够及时获得语言使用者反馈和建议的网络平台，规则制定者可以紧跟语言发展的脚步，更新通用语规范使用标准，使规范使用标准与时俱进。权威性强、使用成本低和与时俱进的特点让荷兰语规范使用标准和落实措施对语言使用者具有很强的吸引力，能够有效地促进使用者主动规范自己的语言使用。

3.2.1.4　荷兰语规范使用政策的特点

语言的规范使用标准即为政策力，落实措施则为实践力，由此可见，荷兰国家通用语规范使用的政策力和实践力均重视对语言使用者的"拉力"而非"推力"。由于相应规则和落实工具的权威性强、使用成本低且能够与时俱进，荷兰国家通用语规范使用体系呈现出较强的政策力和实践力。但需要指出的是，荷兰国家通用语规范使用体系中的第三个评价指标——绩效力，是缺失的。尽管国家通用语规范使用体系的"拉力"很强，但从政府行政层面来说，缺乏追踪和监控这些落实措施实际效果的手段。无法更直观地通过社会调查或学术研究等形式观察到这些便利的落实措施的效果，实为一件憾事。

3.2.2　弗里斯语的规范使用

弗里斯语是弗里斯兰省的通用语，因此其标准也由弗里斯兰省政府制定。弗里斯语学会受弗里斯兰省政府委托，规范弗里斯语使用。与规范荷兰语使用的标准相同，规范弗里斯语使用的标准同样是非全民强制性的，而是作为行政交往和教育领域使用语言时的通用标准。弗里斯语学会通过弗里斯语网[1]向公众免费提供弗里斯语的语言规范资源。该网站提供的信息包括词汇拼写、在线拼写检查工具、弗里斯语单语词典、荷兰语—弗里斯语双语词典和弗里斯语机器翻译等。

3.2.2.1　拼写

弗里斯语的正式拼写标准自 1879 年首次成文以来，已经过多次修订，最新修订的拼写标准于 2015 年 1 月 30 日生效。《弗里斯语词汇拼写列表》与《荷兰语词汇表》相似，提供标准拼写、词性、词形变化等信息，不提供单词释义。比较繁复且实用性较低的拼写规则文本可在弗里斯语学会官方网站上找到。

弗里斯语仅是荷兰一省的官方语言，且使用人数有限，因此主流商业软件开发商并不会专门为弗里斯语开发拼写检查工具。针对此种情况，弗里斯语网为弗里斯语使用者和学习者提供免费在线拼写检查工具 Staveringshifker。该工具配备与主流文字处理软件、邮箱软件、浏览器等兼容的版本，另有手机应用程序。上述产品均可在弗里斯语网免费下载。全平台且免费的特色让弗里斯语使用者非常愿意下载使用适合自己的工具，他们在享受便捷的同时，主动规范自己的语言使用。

3.2.2.2　词典

1984—2011 年，弗里斯语学会编纂出版了《弗里斯语词典》(弗里斯语：*Wurdboek fan de Fryske taal*)。该词典共 25 卷，收录了 12 万个单词及

---

[1] 网址：https://frysker.nl/。

其释义，比较完整地记录了1800—1975年间的弗里斯语词汇。自2010年开始，该词典的电子版在荷兰语语言联盟网站上线，供使用者检索历史上弗里斯语词汇的荷兰语释义。

针对现代弗里斯语，弗里斯语网在线提供荷兰语—弗里斯语双语词典供使用者查询，还提供兼容主流计算机操作系统的电子词典下载，为语言使用者提供了极大的便利。

3.2.2.3 法律文本模板

弗里斯语是弗里斯兰省的官方语言之一，同时也是法庭使用的语言之一。弗里斯语网免费提供各类证明、合同、章程、遗嘱等法律文本标准模板。经官方审校的标准模板可以大大降低语言使用者在文件起草上花费的时间和精力，在提供便利的同时，也规范了法律领域的弗里斯语使用。

3.2.2.4 谷歌翻译

经过弗里斯兰省的志愿者和弗里斯语学会的长期共同努力，弗里斯语翻译功能于2016年2月在谷歌翻译正式上线。该功能同时在弗里斯语网开放。使用范围有限和资源不足使弗里斯语长期缺少一套官方的使用标准，谷歌翻译弥补了这一缺憾。尽管谷歌翻译是开放的商业平台，但弗里斯语翻译功能是在弗里斯语学会的指导下开发完成的，有实际需要的语言使用者可以从该功能中得到使用弗里斯语的指导性建议。

与作为全国通用语的荷兰语相比，弗里斯语的规范制度更多地将精力放在制定词汇拼写标准和开发相应的实用工具上，缺失语法规则和具体语言使用建议等内容。一方面，规范弗里斯语的弗里斯语学会在机构规模和力量上无法与荷兰语语言联盟相提并论；另一方面，弗里斯语的规范使用还处在不断推进的过程中，尚有继续完善的空间。现有制度重视对网络资源的使用，不仅能够及时更新语言规范，还能使弗里斯语使用者较易获得基于语言规范开发的最新应用成果，因此实用性较强。与强制要求语言使用者遵守规范相比，弗里斯语的政策力同样是"拉动"多于"推动"，通过提供实用的语言工具来吸引语言使用者主动规范自己的语言使用。

3.3 国家语言信息化和智能化

3.3.1 荷兰语语言文字网站的建设
3.3.1.1 总领机构

荷兰语语言文字网站的建设主要由荷兰语言研究院牵头进行。荷兰语言研究院成立于2016年，是荷兰专门从事语言资料库研制和智能化工具开发的机构。虽然成立时间较短，但它由不同机构经过资源整合而来，已经成为荷兰语语言文字网站建设的领军机构。

荷兰语言研究院的前身之一为荷兰语词汇学研究所[1]。受欧洲经济形势影响，从2015年开始，荷兰语词汇学研究所遭遇了一系列由财政紧缩政策导致的经费问题。经过荷兰语语言联盟部长委员会协调，荷兰语词汇学研究所改组为荷兰语言研究院，成为受荷兰法律约束的独立法人机构。荷兰语词汇学研究所在改组之前主要负责荷兰语文字编码、语义学研究领域科研项目的协调工作，已完成的项目及其成果在2016年被荷兰语言研究院接收。同样在2016年并入荷兰语言研究院的还有荷兰文字和语音技术中心（Centrale voor Taal- en Spraaktechnologie）。该中心原本为荷兰语语言联盟直接管辖的研究机构，致力于荷兰语数字化资料库建设。[2]

无论是荷兰语词汇学研究所、荷兰文字和语音技术中心，还是现在的荷兰语言研究院，它们的核心使命都是通过语料库、信息数据库或其他技术手段收集、整合和产出荷兰语数字化和智能化资源。由于本书属于荷兰

---

[1] Instituut voor de Nederlandse Taal（INT）官方网站，INT 组织介绍，https://ivdnt.org/over-ons/over-het-instituut/（2022年4月28日读取）。

[2] TST-Centrale. 2009. Documentatie Eindhoven Corpus. https://ivdnt.org/wp-content/uploads/2020/06/ehc_documentatie_nl.pdf (accessed 28/04/2022).

国家语言能力共时研究，因此主要关注荷兰语目前的语言信息化和智能化成果。下文提及的荷兰语言研究院提供的数据库、语言服务及工具均为荷兰语词汇学研究所以及荷兰文字和语音技术中心改组为荷兰语言研究院后向公众提供的资源，并不代表该资源的开发机构。

3.3.1.2 语言文字网站

荷兰语言研究院网站[1]是荷兰语数字化和智能化资源的综合门户网站，提供数字化古荷兰语资源、数字化现代荷兰语资源、荷兰语文字和语音研究工具、荷兰语语言学研究术语库、荷兰语在线词典等数据库或工具的入口。下文将对各类数据库和工具进行详细介绍。

"语言门户"（Taalportaal）网站[2]是由荷兰科学研究院出资，默滕斯研究所、弗里斯语学会、荷兰语言研究院、荷兰莱顿大学（Universiteit Leiden）和阿非利卡语虚拟学会（Virtuele Instituut vir Afrikaans）共同创立的语言资源网站，提供荷兰语、弗里斯语和阿非利卡语（即南非荷兰语）的语音学、词法学和句法学研究资源和成果。该网站以系统收集上述三种语言的语法研究成果为目标。"语言门户"网站的独特之处在于将三种相近语言的语法资源通过交叉引用进行整合并制作成易于访问的在线资源。这使得研究者更容易对两种或三种语言中出现的类似语言现象进行观察，从比较视角出发开展全新的研究。

荷兰语言研究院还与欧洲语言资源与技术研究基础设施（European Research Infrastructure for Language Resources and Technology，下文简称 CLARIN）有着紧密的合作。CLARIN 以向学者、研究者、学生和民间人士提供在线语言资源为己任，通过单一登录入口完成资源共享。荷兰乌得勒支大学（Universiteit Utrecht）是 CLARIN 在荷兰的合作伙伴。值得一提的是，由于比利时的三种官方语言，即荷兰语、法语和德语均为其他欧洲国家的官方语言，因此 CLARIN 在比利时并没有落地的子项目。

1　网址：https://www.ivdnt.org。

2　网址：https://www.taalportaal.org。

CLARIN 荷兰项目组（CLARIN NL）实际上承担了荷兰语区项目执行的各项工作。此外，"语言门户"网站也是在 CLARIN 的支持下建立的。

在语言文字网站的建立方面，荷兰主要坚持倚重研究机构、注重跨国合作的原则。产出科研成果的是包括大学在内的各类研究机构，无论是荷兰语语言联盟还是荷兰语言研究院，承担的都是联络和整合的工作。这一点将在下文进行详细介绍。荷兰语是荷兰和比利时两个欧洲国家的官方语言，尽管使用人数和科研力量没有其他欧洲通用语庞大，但依托已有的欧洲合作平台和荷兰语言联盟内部的跨国合作机制，荷兰可以在最大程度上避免资源浪费，提升荷兰语的数字化和智能化效率。

3.3.2 荷兰语语言数据库的创制

荷兰早在 20 世纪 70 年代就开始投入大量资源建设语料库，已建成的语料库种类齐全，既有书面语语料库，也有口语语料库；既有现代语言语料库，也有古代语言语料库；既有单语语料库，也有平行语料库。

3.3.2.1 埃因霍温语料库

埃因霍温语料库（Eindhoven Corpus）于 1975 年建成，是第一个由荷兰语书面语文本和口语转写文本（以文字形式呈现的口语表达内容）组成的语料库。该语料库的建设由荷兰理论科学研究院（Nederlandse Organisatie voor Zuiver-Wetenschappelijk Onderzoek，现为荷兰科学研究院）出资，由埃因霍温高等技术学院（Technische Hogeschool te Eindhoven，现为埃因霍温理工大学 [Technische Universiteit Eindhoven]）承建，收集了 1960—1973 年间的荷兰语书面语和口语语料，总量为 72 万词（书面语和口语比例为 5:1）。

埃因霍温语料库对荷兰语语料库发展具有三方面的重要意义。第一，它标志着荷兰语语料库建设正式进入计算机辅助的语言研究时代。赫斯凌语料库（Corpus Gysseling）的建成时间要早于埃因霍温语料库，但直到 1981 年才被电子化，标志着赫斯凌语料库从大量文本的集合转变为经计算机辅助处理的语料库。第二，埃因霍温语料库的建成和维护经验为后续荷兰语语料库建设的合作传统奠定了基础。埃因霍温语料库的原始版本由埃因霍温高等技术学院建成。但是，在 1975 年埃因霍温语料库建成到 1989 年该语料库的维护和管理被移交至荷兰文字和语音技术中心前，负责该语料库维护、管理和推广的是荷兰阿姆斯特丹自由大学文学院（Faculteit der Letteren, Vrije Universiteit Amsterdam）。除阿姆斯特丹自由大学版本的埃因霍温语料库外，包括荷兰格罗宁根大学（Rijksuniversiteit Groningen）在内的多家荷兰语区大学和机构都在语料补充、语言学标注或元信息处理等方面对埃因霍温语料库的发展作出了贡献。这种合作形式也使荷兰语言研究院在如今的荷兰语智能化和信息化发展领域占据主导地位。无论是最初的荷兰文字和语音技术中心，还是后来的荷兰语言研究院，其使命都是聚集荷兰语语言学家、计算机语言学家和系统开发者的力量，为荷兰语研究提供数字化研究资料和语料库，并以此为基础开发各类技术平台和实用工具。全球的荷兰语母语者人数为 2400 万人左右，但荷兰语语料库建设能形成如今种类全、规模大、研究多、工具足的局面，与由同一机构统筹、多方共同合作的建设传统分不开。埃因霍温语料库的建立和维护就是这一传统的源头。第三，荷兰语语料库建设从埃因霍温语料库开始就注重采用统一的语料库建设技术标准，为多语料库合并和跨国合作奠定了基础。埃因霍温语料库的建设初衷是研究现代荷兰语书面语和口语的静态现象[1]，并未计划持续补充新语料或者依照新制定的规则进行语言学编码。随着计算机技术的不断发展，阿姆斯特丹自由大学管理和维护埃因霍温语料库期间，在原始版本的基础上优化了文本的语素标注，建立了更直观的编码系统 C_3C。同时，由于阿姆斯特丹自由大学其他研究项目建立的小型语料库也应用了同样的编码系统，因此这些小型语料库顺理成章地并入了埃因霍温语料库，其中就包括莱克玛语料库（Renkema Corpus）。莱克玛语料库是由阿姆斯特丹自由大学博士生建立的小型专门语料库，收

---

[1] TST-Centrale. 2009. Documentatie Eindhoven Corpus. https://ivdnt.org/wp-content/uploads/2020/06/ehc_documentatie_nl.pdf (accessed 28/04/2022).

录了 1975—1976 年间时任政府与议政会（Staten-Generaal）的书面通信内容，共计 48,000 个单词。[1] 尽管莱克玛语料库规模较小，用途也比较单一，但在建立过程中使用了埃因霍温语料库团队开发的编码系统 C_3C，因此两个语料库可以直接合并，也使埃因霍温语料库成为第一个荷兰语动态语料库。这次合并也为后续的荷兰语语料库建设提供了经验。

3.3.2.2 现代荷兰语语料库

荷兰语语料库建设注重合作和技术规范统一，其中现代荷兰语语料库（Corpus Hedendaags Nederlands）是最好的例证。现代荷兰语语料库是由荷兰语言研究院主导建立和维护的重要语言数据库，也是以追踪现代荷兰语发展为目标的动态语料库。作为现有规模最大、收录文本类型最全面的荷兰语平衡语料库，现代荷兰语语料库的建设并非一蹴而就。从 1994 年开始，荷兰语词汇学研究所先后建立了规模为 527 万词和 3800 万词的现代荷兰语语料库，并在欧盟委员会的资助下建立了规模为 2000 万词的帕罗尔语料库（Corpus PAROLE）（Van der Kamp & Kruyt 2004）。以上三个语料库均通过荷兰语词汇学研究所自主研发的语料库检索平台为研究者提供在线访问服务。除上述已经建成的三个语料库之外，通用荷兰语词典语料库（Algemeen Nederlands Woordenboek Corpus）也是现代荷兰语语料库的组成部分，而且是补充语料的主要来源。荷兰语词汇学研究所改组为荷兰语言研究院后，荷兰语言研究院正式成为荷兰语信息化和智能化资源开发的主要统筹机构。现代荷兰语语料库能够达到如今的规模，得益于荷兰语言研究院能够统筹各类荷兰语资源、搭建语料库合作平台。目前，现代荷兰语语料库已经收集了超过 80 万篇文本，涉及报纸、杂志、新闻广播、法律文本等。[2]

---

1 埃因霍温语料库官网，https://ivdnt.org/corpora-lexica/eindhoven-corpus/（2022 年 4 月 28 日读取）。
2 现代荷兰语语料库官网，https://ivdnt.org/corpora-lexica/corpus-hedendaags-nederlands/（2022 年 4 月 28 日读取）。

3.3.2.3 荷兰语口语语料库

荷兰语口语语料库（Corpus Gesproken Nederlands，下文简称CGN）是完全由现代荷兰语口语转写文本组成的语料库。荷兰语口语语料库项目（CGN-project）由荷兰科学研究院主导，荷兰、比利时两国政府共同出资，旨在建立一个超越以往语料库规模的大型荷兰语口语数据库。该项目自1998年立项，2004年完成，语料库总规模达到900万词，总转写时长达到900小时。荷兰语口语语料库建设的初衷包括：（1）提升荷兰语在文本和语音技术（taal- en spraaktechnologie）领域的地位；（2）满足语言学研究对口语语料库的需求；（3）为荷兰语语言教学提供更多可用资源（Van Eerten 2007）。将提升荷兰语在文本和语音技术领域的地位放在首位体现了荷兰科学研究院对语言数字化和智能化的重视。这种态度主要来源于彼时英国国家语料库（British National Corpus）和华尔街日报文本语料库（Wall Street Journal Text Corpus）等英文语料库的建成，以及产出的一系列英语文本和语音技术成果。荷兰科学研究院希望通过建成荷兰语口语语料库来追赶英语技术发展的脚步。这对于2400万左右的荷兰语母语者规模来说，是非常有挑战性的任务。也正是因为这份与通用语一争高低的决心和与之匹配的投入，荷兰语语言资料库建设和智能工具开发规模才能不断扩大。[1]

3.3.2.4 赫斯凌语料库

赫斯凌语料库因文本的主要收集者为毛里茨·赫斯凌博士（Dr. Maurits Gysseling）而得名，收录的文本全部以13世纪以前的中古荷兰语写成。赫斯凌语料库收录的语料可以分为文学类文本和行政类文本，原始文本均为手写体文件，赫斯凌博士在20世纪70年代初期完成了对大部分原始文本的收集和转写。此后，所有语料经后人之手完成数据化工作，于1981年出版，名为《1300年前的中古荷兰语文本语料库》（*Corpus van*

---

[1] 荷兰语口语语料库官网，https://ivdnt.org/images/stories/producten/documentatie/cgn_website/doc_Dutch/topics/index.htm（2022年4月28日读取）。

Middelnederlandse teksten - tot en met het jaar 1300）。该著作对原始语料进行了分类和整理。发表于 13 世纪的文本被收集在电子化语料库中，并进行了词性标注等语言学处理，以方便研究者检索，剩余文本被收录进古荷兰语语料库。古荷兰语语料库所收集文本的时间跨度为 475—1200 年，是《古荷兰语词典》（*Oudnederlands Woordenboek*）的编纂基础。古代荷兰语语料库除上述两个语料库之外，还包括中古荷兰语语料库（Corpus Middelnederlands），基本形成了覆盖荷兰语各使用时期的古代语言语料库集合。[1]

3.3.2.5 荷兰语平行语料库

荷兰语平行语料库（Dutch Parallel Corpus）是迄今为止规模最大的荷兰语多语平行语料库，收录了荷兰语—英语、英语—荷兰语、荷兰语—法语、法语—荷兰语、英语—荷兰语—法语五个翻译方向的文本，总规模达到 1000 万词。与其他荷兰语语料库相比，荷兰语平行语料库的建设凸显了荷兰语区语言数字化和智能化进程中一直秉承的合作原则。荷兰仅有荷兰语一种全国通用语，而比利时有荷兰语、法语和德语三种官方语言，且荷兰语和法语的使用规模相当，德语区虽在人口和影响力方面无法与荷兰语区和法语区相比，但德语在比利时的地位与荷兰语和法语相当。

荷兰语平行语料库是"核心文本和语音技术资源项目"（Spraak- en Taaltechnologische Essentiële Voorzieningen In het Nederlands，下文简称"STEVIN 项目"）的众多语言数字化和智能化成果之一。STEVIN 项目是由荷兰和比利时两国政府共同出资的跨国语言资源合作项目，主要语言智能化成果将在下文进行详细介绍。通过 STEVIN 项目建立多语平行语料库有三个显著优势。首先，通过与比利时的大学合作，可收集的文本翻译方向有所增加。荷兰语是荷兰全国通用语，英语是世界上使用范围最广的语言。建立这两种语言的平行语料库对荷兰来说是理所应当的。但是，如

---

[1] 赫斯凌语料库官网，https://ivdnt.org/corpora-lexica/corpus-gysseling/（2022 年 4 月 28 日读取）。

果不与比利时的大学合作，大规模的语料收集很难扩展到其他语对。法语是比利时的官方语言之一，也是世界上使用范围较广的通用语种之一。法语—荷兰语和荷兰语—法语语对的加入，增强了荷兰语平行语料库的使用潜力。建立与英语和法语互译的平行语料库，可以使以其为驱动的研究成果得到更广泛的应用。其次，通过跨国合作进行语料库研制，能够大幅度增强参与项目的科研力量。格罗宁根大学、埃因霍温理工大学和莱顿大学等都是走在语料库语言学研究前沿的荷兰大学，但在大型多语种平行语料库研制方面，比利时天主教鲁汶大学（Katholieke Universiteit Leuven）和根特大学（Universiteit Gent）能够在法语语料处理、机器翻译系统和在线检索系统开发等方面贡献科研经验和力量。最后，平行语料库的建立本身不是语言智能化的最终成果，以平行语料库驱动的研究和这些研究项目产出的成果和工具才是最终目的。多个研究机构共同参与语料库建设可以将有限的力量聚集起来，提升语料库的建设速度，扩大影响力，使其在建成后得到更广泛的运用。[1] 关于最后一项优势的成效，将在下文进一步阐述。

荷兰语语料库建设有三个显著特点。第一，强调合作。无论是埃因霍温语料库建设和维护时期的国内跨院校合作，还是荷兰语平行语料库的跨国跨院校合作建设，都体现了对于荷兰语这样使用人数有限的非通用语来说，将有限的资源整合起来，在大型数据库建设方面能取得事半功倍的效果。荷兰语语料库规模大、类型全正体现了这一合作传统的优势。第二，由同一机构牵头进行布局，语料库类型分布合理。从最早成立的荷兰文字和语音技术中心，到中期的荷兰语词汇学研究所，再到现在占主导地位的荷兰语言研究院，荷兰语语料库建设过程中始终存在一个统筹机构。各个时期的统筹机构与负责的政府部门、荷兰语语言联盟及其前身、各高等院校和研究机构紧密合作，对语言数字化和智能化进行规划，并对规划的执行进行监督和管理，以此避免资料库的重复建设，提高数字化资源的利用

---

[1] 荷兰语平行语料库官网，https://taalmaterialen.ivdnt.org/download/tstc-dutch-parallel-corpus-niet-commercieel/（2022年4月28日读取）。

率。第三，荷兰语语料库在统一布局和协同合作的传统指导下，形成了种类齐全的语料库群。各时期的古代荷兰语语料库、各类现代荷兰语语料库和专用语料库为智能语言工具的开发提供了坚实的研究基础。

3.3.3　智能化语言工具的开发和应用

语言数据库的数量和规模展示的是一国语言信息化的程度。基于语料库进行智能化语言工具开发，可以提升语言智能化的程度。荷兰智能化语言工具的开发和应用可以分为两类：语料库支撑的词典编纂和语料库项目孵化的语言工具。

3.3.3.1　语料库支撑的词典编纂

语料库是大量语言使用文本的集合，通过对这些文本实例进行选择和处理，可以为词典建设提供词条选择和词语释义的标准。

《通用荷兰语词典》是一本精心编纂的在线学术词典，其编纂基础是规模超过1亿词的通用荷兰语词典语料库。[1]

《通用荷兰语词典》的创新性在于收录的词条不仅包括传统意义上的描述性释义，还有很多词条附带语义编码。语义编码是"与一个词语有关联的知识在由'槽口'（slots）和'填充'（filler）组成的框架中的呈现"（Moerdijk 2008：561）。"槽口"是能体现一个单词所属词义类的特点和关系的概念结构元素，如某一类饮品的颜色、气味、配方等信息。"槽口"中存储的信息即为"填充"。

图3.3是在《通用荷兰语词典》中搜索paard（马）一词得到的语义编码结果。语义编码一栏除表示paard是一种哺乳动物或一种动物外，还列出了体型、叫声、皮毛质感、颜色、形体结构、肢体特点、功用、物种来源、繁育方式、饲养居所、种群分布、寿命、感官特性、运动特点、主要用途、习性、给人的印象、价值和辨别方法，作为其语义编码特征，也就是"槽口"。以皮毛质感这一"槽口"为例，"填充"即为皮毛柔软。

---

[1]《通用荷兰语词典》网站，https://anw.ivdnt.org/search（2021年5月28日读取）。

Semagram　语义编码

Een paard... 　　　　　马（一匹）
is een zoogdier; is een dier　　是一种哺乳动物；一种动物；

- 【体型】　　is een groot dier met een schofthoogte hoger dan 1,48 m, maar er zijn ook kleinere rassen die toch tot de paarden gerekend worden en niet tot de pony's, bv. de ijslander of het miniatuurpaard falabella
- 【叫声】　　hinnikt, briest, snurkt of snuift; maakt een hinnikend, briesend, snurkend of snuivend geluid
- 【皮毛质感】　heeft een zachte vacht
- 【颜色】　　is bruin, zwart of voskleurig, maar kan door verdunning en andere genetische kleurfactoren andere kleuren en kleurcombinaties hebben, bv. wit (schimmelkleur), bont, wildkleur, enz.
- 【形体结构】　is geweerveld; heeft vier poten (benen)
- 【肢体特点】　heeft lange benen en heeft een vrij lange hals met een manenkam; heeft relatief korte, opstaande oren en een langharige staart; heeft in het taalgebruik van paardenliefhebbers of anderen die het paard als edel dier beschouwen een hoofd, een mond en benen in plaats van een kop, een bek en poten; heeft een lichaam dat bestaat uit een voorhand, een middenhand en een achterhand; heeft voeten met hoeven
- 【功用】　　wordt bij ons vooral gebruikt als rijdier of als trekdier; wordt elders ook nog wel gebruikt als pakdier; wordt door de paardenslager geslacht voor het vlees
- 【物种来源】　stamt af van het wilde paard (*Equus ferus*)
- 【繁育方式】　brengt de jongen levend ter wereld
- 【饲养居所】　wordt gehouden in een stal of box; komt bij voorkeur zoveel mogelijk ook in de wei of in een paddock; wordt gereden en getraind in de rijbaan; komt op buitenritten en terreinritten ook op de weg, in het bos, in de duinen of op het strand; krijgt soms extra beweging in de trainingsmolen of longeerkraal
- 【种群分布】　heeft als oorspronkelijk natuurlijk woongebied open steppeachtige gebieden, maar is door de mens gedomesticeerd
- 【寿命】　　kan 40 jaar oud worden, maar wordt meestal 20 tot 25 jaar; wordt als jong *veulen* genoemd
- 【感官特性】　heeft een zeer goed ontwikkeld gehoor en reukvermogen; heeft een groter gezichtsveld dan de mens; is nieuwsgierig en alert; heeft een goed geheugen en leert daardoor gemakkelijk nieuwe dingen aan; is snel, sterk en wendbaar
- 【运动特点】　heeft de volgende gangen: stap, draf, galop en rengalop; een gangenpaard, zoals de ijslander, heeft ook nog andere gangen, bv. de tölt en de telgang
- 【主要用途】　wordt bij ons vooral gebruikt voor de sport of voor de recreatie in diverse disciplines, bv. dressuur, springen, eventing, endurance, mennen, voltige, westernrijden, paardenrennen; wordt door beoefenaars van natural horsemanship en vrijheidsdressuur ook zonder zadel of aanspanning aan het werk gezet met grondwerkoefeningen; wordt gebruikt in shows en circusnummers; wordt gebruikt als hulpmiddel in bepaalde vormen of fysiotherapie, psychotherapie en coaching; wordt gebruikt als werkpaard in de landbouw en als vervoermiddel; werd vroeger ook gebruikt voor oorlogsvoering te paard
- 【习性】　　is een planteneter; graast; is een vluchtdier; leeft in de natuur in kuddeverband met een bepaalde rangorde; is ook als gedomesticeerd dier een sociaal dier en heeft veel behoefte aan contact met soortgenoten; kan stalondeugden ontwikkelen als niet aan zijn natuurlijke behoeften wordt voldaan, bv. weven, luchtzuigen en kribbebijten
- 【给人的印象】wordt beschouwd als een edel dier; wordt als nuttig gewaardeerd
- 【价值】　　is voor de mensheid van groot belang geweest, o.a. als voedselbron, bij de oorlogsvoering, in de landbouw en industrie, als transportmiddel, enz.
- 【辨别方法】　is groter dan een ezel en een zebra

图 3.3　搜索 paard（马）一词所得语义编码结果

荷兰语言研究院认为，词语的定义是为了将其和其他单词区分开。除了词义，还有许多与该词相关的信息，虽然不能用作将该词与其他单词进行区分的标准，但可以为该词提供一个类型模型，也就是《通用荷兰语词典》原编纂委员会主席冯斯·穆尔戴克（Fons Moerdijk）提出的"框架"。他认为，框架可以记录我们对现实世界的认知，观察世界在语言中的反映。《通用荷兰语词典》的框架体系是自主开发的，主要参考已出版词典的词语定义，根据已有定义的关键词确定语义分类的归属和聚合，再根据对语义分类的分析确定其特性（Moerdijk 2008）。

由于词典使用的框架体系和语义编码是自主开发的，因此在用词和甄选范围上一直沿用统一的标准，这使得《通用荷兰语词典》具备了传统词典缺乏的检索优势。《通用荷兰语词典》的搜索界面提供三种搜索方式：通过单词或词组、通过单词的特征、通过对词语的描述。前两种搜索方式与其他电子化词典并无太大区别，但第三种搜索方式是《通用荷兰语词典》的优势所在。仍以 paard（马）一词为例，在通过对词语的描述检索词条这一选项卡中输入 zachte vacht（皮毛柔软）并进行检索，所得检索结果中就包括 paard（马）。检索结果如图 3.4 所示。

图 3.4　以 zachte vacht（皮毛柔软）为检索词所得结果

从对 paard（马）一词的正反双向检索案例可以看出，《通用荷兰语词典》的最大优势在于模糊检索功能不再像传统词典一样，仅限于对词形和简单词义的模糊检索，而是基于自主研发的框架体系和语义编码系统，将与词条相关的各类特性信息都纳入检索范围，使使用者既能在精确检索中获得更多信息，又能将自己对现实世界的认知作为模糊检索的线索。

《通用荷兰语词典》能够取得这种优势，网络平台的交互性、便捷性和信息存储优势固然是一方面原因，但为词典编纂提供词义分类的归属和聚合判断标准的通用荷兰语词典语料库才是重要驱动力。

通用荷兰语词典语料库由分类语料库（Domeinencorpora）、文学文本语料库（Corpus van Literaire Teksten）、新词语料库（Neologismencorpus）、报纸语料库（Krantencorpus）和补充语料库（Pluscorpus）五个子语料库组成。

分类语料库主要依托荷兰网络黄页网站[1]。2000—2004年，该语料库的建设者收集了分布于1341个专业领域的文本，从婴儿先天缺陷到水上运动，不一而足。由于荷兰语同时是荷兰和比利时法兰德斯大区的通用语，该语料库也收集了1307个比利时法兰德斯大区相应社会领域的相关文本。分类语料库总规模约3200万词，原则上不再更新。

文学文本语料库主要收集散文、小说、短篇故事和戏剧等文学文本，收集范围既包括荷兰语原创文学，又包括翻译成荷兰语的外国文学。该语料库每年进行一次文本增补，目前规模在2000万词左右。

新词语料库收集了来自20家周报和日报新闻网站的文本。从2000年开始，荷兰语言研究院就通过这种方式检索新词。这里的新词是广义的，既包括单词的新词义，又包括新的词语组合和使用方法。新词语料库同样每年更新一次，目前规模在550万词左右。虽然这些新文本材料为语料库的扩容和词典词条的更新提供了基础，但文本中出现的新词并非全部收录到《通用荷兰语词典》中。关于新词的甄选和词典的更新，笔者将在下文一并介绍。

报纸语料库中的文本主要来自荷兰《NRC商报》(*NRC Handelsblad*)、荷兰《梅普乐报》(*Meppeler Courant*)和比利时《标准报》(*De Standaard*)。报纸语料库同样每年进行一次文本增补，目前规模在4000万词左右。

---

[1] 网址：http://www.vinden.nl。

补充语料库主要收集 1970—2000 年间的文本，收集原则是不与其他子语料库内容重叠。补充语料库原则上不再更新，目前规模为 500 万词。

通用荷兰语词典语料库的五个子语料库中，有三个子语料库定期进行更新和文本增补，为《通用荷兰语词典》的及时更新提供了基础。在互联网时代，每天都有不计其数的新文本产出，全球化背景也为新词汇的诞生提供了沃土。《通用荷兰语词典》将时效性和交互性作为核心特点，因此也非常重视新词的收录和选择。

《通用荷兰语词典》的新词汇有两种来源：一是词典编委会在新词语料库及每年的增补文本中发现的新词，二是词典使用者在网站端口上报的新词。但是，这两类新词并不能全部收录进词典中。荷兰语言研究院通过艾伦·梅特卡夫（Allan Metcalf）在 2002 年提出的"FUDGE 测试"来鉴别新词的生命力，并将测试结果作为判断该词是否应该收录进词典的标准之一。

"FUDGE 测试"共有五个评判标准：

（1）Frequency，指该词的使用频率；

（2）Unobtrusiveness，指该词在文本中是否会显得格格不入；

（3）Diversity，指该词是否有多种使用场景和方式；

（4）Generation，指该词派生出新词形和意义的能力；

（5）Endurance，指该词指代的概念是否持久。

在评价范围内的新词，每个标准最多可以获得 2 分，最低 0 分。荷兰语言研究院作为负责荷兰语信息化和智能化发展的学术机构，兼具为社会提供语言资源的职能。因此，其网站提供的"FUDGE 测试"信息及模板也可供其他机构或出版社使用，帮助它们筛选新词。

除现代荷兰语词典外，荷兰语言研究院还基于各个古代语言语料库[1]，编纂了《古荷兰语词典》《早期中古荷兰语词典》（*Vroegmiddelnederlands Woordenboek*）、《中古荷兰语词典》（*Middelnederlandsch Woordenboek*）、《近代荷兰语词典》（*Woordenboek der Nederlandsche Taal*）。

---

[1] 古荷兰语语料库官网，https://ivdnt.org/corpora-lexica/corpus-oudnederlands/；中古荷兰语语料库官网，https://ivdnt.org/corpora-lexica/corpus-middelnederlands/（2022 年 4 月 28 日读取）。

与规范通用语使用的标准和落实措施相似，荷兰充分利用网络平台，最大限度地让语言信息化成果惠及公众。上文列出的四本词典所收录的词条均非现代社会所使用的通用语，因此需要借助荷兰语言研究院的力量完成相关文本资料的收集和电子化。但是，荷兰语言研究院并没有止步于此，而是通过网络平台，将上述四本词典进行整合，推出了整合语言资料库（Geïntegreerde Taalbank），并免费向公众开放检索入口，供荷兰语言文化历时研究之用。该平台还经弗里斯语学会授权，提供《弗里斯语词典》的在线检索功能。

3.3.3.2 语料库项目孵化的语言工具

《通用荷兰语词典》的编纂和在线平台的开放是荷兰语智能化发展的成果之一。除此之外，庞大且完善的荷兰语语料库体系还孵化了一系列智能化语言工具。与语料库建设一样，荷兰语智能化语言工具的开发过程仍然离不开统一的路径规划。与前者相比，后者的规划要更加清晰和明确，且基于单一计划 STEVIN 项目进行统筹和执行。STEVIN 项目是荷兰中央政府和比利时法兰德斯大区政府共同出资的合作科研项目，自 2004 年由两国相关领域的政府官员牵头启动，于 2011 年正式结项，产出了包括 SNRT 汽车牌照识别系统和 GemeenteConnect 市政沟通系统在内的诸多人类语言技术成果。STEVIN 项目与荷兰语言研究院主导的语料库建设不同，并非预先设计各类智能化工具开发项目，而是通过三次公开征集选出具有发展潜力的开发课题，再投入资金进行研究。此举有两个显著优势：一是可以通过良性学术竞争快速甄别出有能力开展高质量学术研究的团队；二是能够有序推进语言智能化进程。STEVIN 项目共进行三次公开选题征集，最后一次专门针对智能化语言工具开发，鼓励研究团队或企业利用 STEVIN 项目的前期成果或已有的数字化语言资源开发可以直接投入应用的工具（Spyns & D'Halleweyn 2013）。此外，还有一部分已被列入重点发展项目的课题以招标形式确定执行单位，荷兰语平行语料库的开发就属于此种情况。

STEVIN 项目最终产出四种语音工具（包括资料库）和六种文字工具（包括资料库），下文将着重介绍几种最具代表性的工具。

Cornetto Demo 是一个在线语言工具，提供现代荷兰语词汇信息。该工具基于普林斯顿大学（Princeton University）的 WordNet 认知语言学心理词典架构，并融合了加利福尼亚大学伯克利分校（University of California, Berkeley）的 FrameNet 项目词汇数据库结构，由 Cornetto 数据库支持。[1]

Cornetto 数据库分为两大部分：词语条目库（lexical entry repository）和同义词集合库（synset repository）。一组词语—词义组合称为一个词语条目，条目下收录词形、句法、语义和搭配信息，能够为使用者提供关于该词语任何一种词义的使用方法。每一个词语与一组同义词对齐，存储在同义词集合库中，再通过下义关系、反义关系和部分—整体关系等语义关系相关联。一组同义词即是有相同词义的一组词语条目的集合，其作为一个整体，又可以反映出对某一概念的认知。

Cornetto Demo 向用户提供两种检索结果：文字列表结果和可视化图谱结果。通过简单检索，使用者可以得到关于当前感兴趣的单词或词组的词法和语义信息。以 laars（靴子）一词为例，图 3.5 是通过简单检索得到的文字列表结果。表中共列出 Cornetto 数据库中与 laars 一词相匹配的三个词语条目。每个词语条目都配有词汇解释，一些常用的词语条目还提供词性标注信息及例句。

Matching Lexical Entries for 'laars' "靴子"的匹配结果

Download Matches as LMF-XML (Max. 500)　　　　　　　　　　　　1 to 3 from 3　Previous　Next

ID	Written Form	Semantics	PoS	Examples		Pragmatics	Syntax
laars-n-1	laars 靴子	hoog dicht schoeisel 高帮的鞋子	noun	zijn laarzen aantrekken/uittrekken (5 more)	穿/脱靴子	fashion	
laars-mwe-58178	iets aan zijn laars lappen 含有"靴子"的谚语	zich er niets van aantrekken 对某事无动于衷					
laars-mwe-58820	het kan [me] geen laars schelen!	het kan [me] helemaal niets schelen! 毫不在乎					

图 3.5　与 laars（靴子）一词相匹配的三个词语条目

---

[1] Cornetto Demo 网站，https://cornetto.clarin.inl.nl/index.html（2022 年 4 月 28 日读取）。

通过点击单个词语条目，使用者还可以查看该词语条目的词形变位、简单定义、例句等实用信息（见图3.6）。

Details of Selected Lexical Entry (laars-n-1) 编码laars-n-1					
General			**Word Forms**		**Sense**
Lemma:	laars || Form	Art.	Number	Definition:	hoog dicht schoeisel
Part of Speech:	noun || laars	de	singular 单、复数	定义：高帮鞋子
Morpho-syntax:	mf || laarzen	de	plural 词形	

Semantics		**Syntax**	**Relations**
Countability:	count	(No syntactics)	(No sense relations)
Reference:	common		(No form relations)
Semantic Type:	artefact		

Examples		
Type/Phrase	Canonical Form	Semantics
freeCombination / vp	zijn laarzen aantrekken/uittrekken 穿/脱靴子	
freeCombination / np	rubber/gummi/plastic/waterdichte laarzen 不同材质的靴子	
- / np	de laars van Italië 意大利地图的形状	het Appenijns schiereiland 亚平宁半岛
freeCombination / np	laarzen met hoge hakken 高跟靴子	
lexicalCollocation / np	halve laarzen 过膝靴	laarzen tot net boven de enkel 超过脚盖
lexicalCollocation / np	hele laarzen 超长靴	laarzen die het benedenbeen voor een groot gedeelte bedekken 长及大腿

Hierarchy

- ding-n-1 voorwerp-n-1
  - bot-n-3 laars-n-1 laarsje-n-1
    - bontlaars-n-1
    - kaplaars-n-1 wellington-n-1
    - baggerlaars-n-1 lieslaars-n-1 waterlaars-n-1
    - rijlaars-n-1
    - bottine-n-1 rijglaars-n-1
    - hoos-n-2
    - broos-n-1 cothurn-n-1 toneellaars-n-1
    - moonboot-n-1 moonboots-n-1

图3.6　点击单个词语条目后所得详细信息

Cornetto Demo 的可视化检索功能能够更加直观地呈现某一词语条目的同义词网络和搭配使用信息。仍以 laars（靴子）一词为例，图3.7是该词的可视化图谱结果。

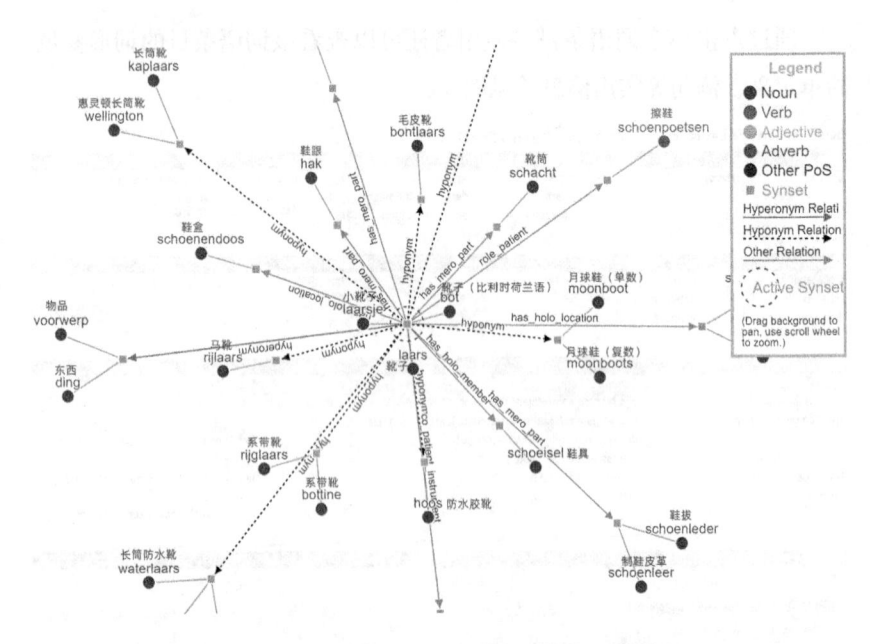

图 3.7　laars（靴子）一词的可视化图谱结果

　　Cornetto Demo 无论对荷兰语母语者还是荷兰语学习者来说，都是一个非常实用的语言工具。首先，Cornetto Demo 完全是开源的，其网络检索平台免费向公众开放，且平台的设计简洁易用，手机用户也可以轻松进行检索。平台还在首页提供了用户指南和示范案例的链接，帮助首次使用该工具的用户在短时间内掌握工具的基本功能和使用技巧，这体现了荷兰通用语规范使用标准及相应落实措施中产出工具使用成本低的特点。其次，与传统的词典、语言使用建议网站等相比，Cornetto Demo 具备多维合一的特点：既呈现词典的单词定义和搭配特点，又能够提供真实语言使用例句。Cornetto Demo 以词语条目为存储单位的设计可以让用户以最快的速度了解当前感兴趣的单词或词组的全部使用方法。对于语言学习者来说，这无疑可以迅速扩大词汇量储备。对于母语者来说，Cornetto Demo 基于同义词关系来组织词语条目，可以为其提供词典中可能缺失的某一单词或短语的各类同义词。最后，由于 Cornetto 数据库吸收了现代荷兰语语料库[1]和荷兰语口语语料库两个大型语料库的词性标注信息，在一定程度上保证了数据来源是自然产出的语料，且覆盖各种文本类型，能够为用户提供更多、更全面的参考信息。

JASMIN-CGN 是在荷兰语口语语料库基础上进行二次研发的口语语料库，主要收集儿童、老年人和非荷兰母语者等的语音资料。大型口语语料库的建立耗时长、投入大，因此在建成之后更应该物尽其用。大型口语语料库可以支持语音识别程序的开发，用于自助语音服务、个人语音助手等领域。荷兰语口语语料库在语料收集过程中注重对语料来源的把控，专注收集以荷兰语为母语的成年人的口语语料。但在实际应用中，要求每一个用户都使用标准荷兰语进行人际交流或语音输入显然是不现实的，也不符合这些工具或服务为生活提供便利的初衷。JASMIN-CGN 就是为解决这一理论和实践之间的差距而开发的项目。该项目由荷兰拉德堡德大学、比利时天主教鲁汶大学和 TalkingHome 公司联合开发。其中，TalkingHome 公司是专注于医疗领域语音控制软件开发的企业。与荷兰语口语语料库相比，JASMIN-CGN 项目的语料收集对象是前者没有覆盖的三个维度：儿童及老年人、不同母语背景的非荷兰语母语者、人机交互环境下产生的口语语料（Cucchiarini & van hamme 2013）。该项目最终确定了五个语料收集群体：荷兰小学生、荷兰中学生、非荷兰语母语儿童、非荷兰语母语成年人、老年人，并在筛选参与者时综合考虑性别、年龄、使用的方言及居住地（针对母语者）、使用的母语（针对非母语者）等，使有限的样本能够具备最强的代表性。最终，JASMIN-CGN 收集了超过 110 小时的口语语料，并以荷兰语口语语料库的技术标准完成了转写、标注及赋码。其中，非荷兰语母语成年人的语料为包括 SPRAAK 工具箱（SPRAAK toolkit）在内的多个 STEVIN 智能化语言工具项目提供了原始资料。[2]

---

1 Cornetto 数据库建设后期收录了史蒂文荷兰语参考语料库（Stevin Nederlandstalig Referentie Corpus，下文简称"SONAR 语料库"）的词性标注信息，SONAR 语料库建成后成为现代荷兰语语料库的来源语料库，故正文直接以现代荷兰语语料库代称。

2 JASMIN-CGN 网站，https://www.esat.kuleuven.be/psi/spraak/projects/JASMIN/（2022 年 4 月 28 日读取）。

STEVINcanPRAAT程序是在Praat（汉语直译为"说话"）程序基础上进行再开发的集成研究工具，由荷兰阿姆斯特丹大学（Universiteit van Amsterdam）、莱顿大学和拉德堡德大学合作完成。该程序中最重要的工具是KlattGrid语音合成器——一款在Klatt语音合成器基础上进行调整和改进的语音合成器。借助这款合成器，专注于语音研究的学者可以利用"最先进的技术和最前沿的数据"（Weenink 2013：80）进行科学研究。

SPRAAK工具箱是一个荷兰语语音识别工具箱，由荷兰拉德堡德大学、荷兰特文特大学（Universiteit Twente）、比利时天主教鲁汶大学等学术机构共同开发。该工具箱对学术使用免费开放，商业使用也仅需支付少量费用。STEVINcanPRAAT程序和SPRAAK工具箱的共同优势在于，用户界面和程序指令的设计相对简洁直接。即使用户没有经过严格的编程训练，也能在用户指南的指导下进行操作，以获取所需的分析结果或数据。对于具有较高技术水平的荷兰语智能化工具来说，使用图形界面设计软件，为实际用户考虑实属难得。荷兰在语言规范使用标准和落实措施中一贯秉承的重视用户体验、降低使用成本的原则再次得到体现。

荷兰智能化语言工具的开发有两个显著特点。首先，注重语言资源信息化和智能化过程的延续性。虽然荷兰拥有规模庞大、类型齐全的语料库资源，但其语言数字化规划并没有就此止步。基于这些丰富的数据库资源，荷兰通过管理机构进行二次规划，并委托有能力的科研机构进行开发，使荷兰语智能化工具具备较强的实用性，同时提高了科研机构的研发能力。其次，注重智能化语言工具的实用性。无论是与企业合作开发，还是从程序设计阶段就选用对用户的技术能力要求较低的图形界面，都是这一原则的体现。语言数字化和智能化的最终目的是满足不断发展的社会生活对语言工具的需要。这种需求本身来源于语言使用者，因此对语言工具的开发必须考虑到使用者的体验。在这一方面，荷兰语智能化工具开发做到了政产学研相结合，并提供了可参考的经验。

3.4 荷兰语言和谐生活构建

荷兰社会一直有开放、包容的历史传统，这一点也体现在荷兰对国家通用语与地区民族语言和方言关系的处理中。作为福利国家（verzorgingsstaat），荷兰也注重弱势群体的利益，保障盲人和聋人有平等的语言使用机会。下文将从其他语言地位的认定、各种语言的使用情况和残疾人的语言保障三个方面，解构荷兰在构建语言和谐生活方面所作的努力。

3.4.1 其他语言地位的认定

荷兰中央政府对因历史文化因素在国内得到较多使用的语言有着明确的认定。荷兰语（国家通用语）和弗里斯语（区域通用语）的地位及相关法律规定已在前文进行了梳理[1]，在此不再赘述。由于荷兰是欧洲委员会《欧洲区域或少数民族语言宪章》的缔约国之一，因此，荷兰中央政府也认可林堡语和低地撒克逊语作为区域语言的地位。另外，罗姆语（Sinti-Romanes）和意第绪语（Jiddisch）在荷兰属于非地域性语言（non-territoriale talen）。

虽然以上语言都是荷兰中央政府认可的语言，但其地位与合法性来源各不相同。除荷兰语外，弗里斯语作为区域通用语的地位最高，其合法性来源于《弗里斯语使用法》。与弗里斯语同级别的是荷兰语手语（Nederlandse Gebarentaal），因其使用群体特殊，笔者将在3.4.3节与盲文一并讨论。林堡语与低地撒克逊语在地位上稍逊于弗里斯语，其合法性来源于《欧洲区域或少数民族语言宪章》以及荷兰中央政府与各省政府及市政机构签署的行政约定。

《关于承认林堡语在荷兰地位的行政约定》是荷兰中央政府在2019年与林堡省签订的文件。该文件的宗旨是认可林堡语是荷兰境内有价值的、独立的区域语言，且应该在青年群体中得到推广。但是，这一行政约定

---

[1] 见本书3.1节。

的签订并不意味着推广林堡语将成为一项义务。与之类似的是2018年签订的《关于承认低地撒克逊语在荷兰区域语言地位的行政约定》，签署方是荷兰中央政府和德伦特省（provincie Drenthe）、弗里斯兰省、海尔德兰省（provincie Gelderland）、格罗宁根省（provincie Groningen）、上艾瑟尔省（provincie Overijssel）、东斯特灵韦尔夫镇（gemeente Ooststellingwerf，位于弗里斯兰省）和西斯特灵韦尔夫镇（gemeente Weststellingwerf，位于弗里斯兰省）。仅从签署方的数量就可以看出，低地撒克逊语在荷兰的使用地域要比弗里斯语和林堡语更广，但这并不意味着低地撒克逊语在社会各领域的使用具有任何强制性。荷兰对低地撒克逊语和林堡语的基本态度是：它们是荷兰语言文化和历史的重要组成部分，应该得到传承，但此种传承在法律层面不具有强制性。

由于意第绪语和罗姆语并非荷兰本国历史文化的重要组成部分，故并未在荷兰法律体系中得到进一步保护。

值得注意的是，荷兰通过各项语言使用法律和行政约定明确规定了本土固有的历史文化语言的地位。对两种通用语的规定以保证其在公共场合的使用为目的；对两种区域语言的规定以保护荷兰文化多样性为目的，不在于语言使用本身。而对于非荷兰本土的欧洲区域性语言，荷兰暂未作出特别规定。此外，由于荷兰在第二次世界大战后大量引进外籍劳工，大量土耳其语和摩洛哥阿拉伯语使用者开始活跃在荷兰社会中。全球化的推进也使英语在荷兰社会中得到越来越多使用。但是，这三种语言的使用实际上都不受荷兰法律保护。相关法律规定的缺失可能会导致这些语言在荷兰社会生活中的使用不受约束。

3.4.2 各种语言的使用情况

荷兰语的使用情况已经在3.1节进行过介绍。因此，本节主要关注区域通用语、其他区域语言和外来语言的使用情况。

3.4.2.1 弗里斯语

2019年,弗里斯兰省政府就弗里斯语的使用情况开展了一次专项调查,调查结果收录在《弗里斯语语言图景》(2020版)中。此次调查在弗里斯兰省的每个市政单位中随机选取了1600个家庭,邀请他们填写语言使用情况调查问卷。最终共有6500个家庭完成了问卷填写,问卷回收率达到29%(Provincie Fryslân 2020)。调查发现,尽管将近60%的受访者认为弗里斯语是自己的母语,但在与配偶沟通时,只有不到45%的受访者表示会选择弗里斯语作为交流语言,荷兰语是更多人的第一选择(占比接近50%)(见图3.8)。

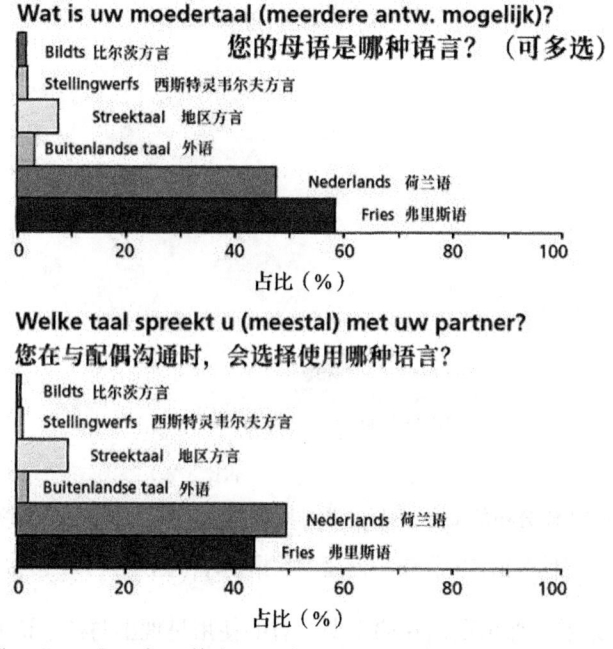

图3.8 弗里斯语母语者人数占比及与配偶沟通时的语言使用情况(翻译)

(Provincie Fryslân 2020:14)

这种语言选择倾向同样在荷兰语语言联盟的调查中得到印证。在2017年公布的荷兰语地位调查报告中,超过50%的弗里斯兰省受访者表示只使用荷兰语与伴侣交流,只使用弗里斯语的比例不到25%(Rys *et al.*

2017）（见图3.9）。在2019年和2021年公布的调查报告中，同一问题的调查结果分别是38.1%、36.5%（Rys & Heeringa 2019）和42.4%、31.4%（Rys *et al.* 2021）。调查人员发现，在2019年公布的调查报告中，只使用弗里斯语与伴侣交流的比例因参与调查的弗里斯兰省家庭数量明显增加而出现了显著增长（Rys & Heeringa 2019），但在2021年公布的调查报告中，因参与调查的弗里斯兰省家庭数量较上一次调查无明显变化，该比例又有所回落。保持不变的是，弗里斯语作为少数民族语言和弗里斯兰省的通用语，在弗里斯兰省家庭环境中的使用仍然稍落后于荷兰语。这与弗里斯兰省双语并行的语言政策是分不开的。

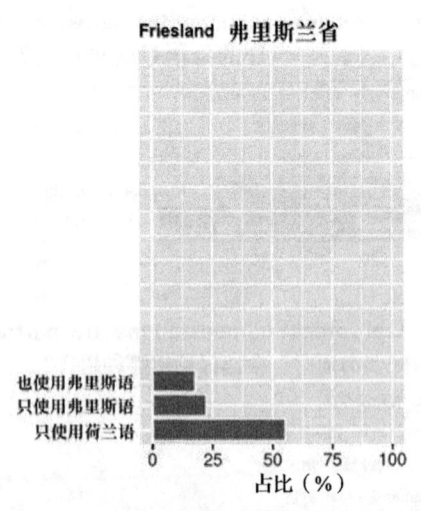

图3.9 2017年公布的荷兰语地位调查报告中弗里斯兰省受访者回答"您与伴侣对话时使用什么语言？"这一问题的数据统计（翻译）（Rys *et al.* 2017：19）

总体来看，弗里斯语在弗里斯兰省的使用呈现出与荷兰语共处、互不干扰的状态。

3.4.2.2 其他区域语言

从2018年开始，荷兰语地位调查还调查了林堡语和低地撒克逊语在荷兰全国及相应省份的使用情况。为了与弗里斯语的使用情况进行横向对比，此处同样引用"您与伴侣对话时使用什么语言？"这一问题的调查结果。2019年公布的荷兰语地位调查报告显示，与掌握低地撒克逊语的受访者相比，掌握林堡语的受访者更倾向于使用方言或区域语言（Rys & Heeringa 2019）（见图3.10、图3.11）。此外，仅就与伴侣沟通时的语言选择而言，与全部荷兰受访者相比，掌握林堡语的受访者使用区域语言的比例要高得多（Rys & Heeringa 2019）。

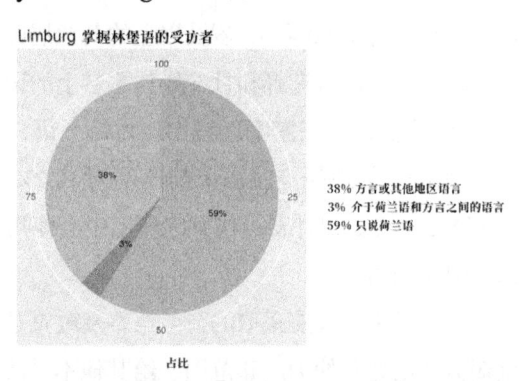

图3.10　2019年公布的荷兰语地位调查报告中掌握林堡语的受访者回答"您与伴侣对话时使用什么语言？"这一问题的数据统计（翻译）（Rys & Heeringa 2019：49）

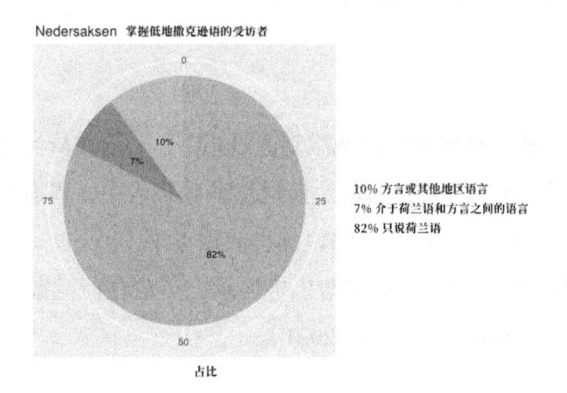

图3.11　2019年公布的荷兰语地位调查报告中掌握低地撒克逊语的受访者回答"您与伴侣对话时使用什么语言？"这一问题的数据统计（翻译）（Rys & Heeringa 2019：51）[1]

---

[1] 原引用文献中，各比例总和为99%。

2021年公布的荷兰语地位调查报告显示，与掌握低地撒克逊语的受访者相比，掌握林堡语的受访者更倾向于在日常生活中使用区域语言（Rys *et al.* 2021）。

2019年，荷兰国家统计局也对荷兰的语言使用情况进行了调查。而上一次荷兰全国性语言使用情况调查还要追溯到1998年。这项调查本身和近几年荷兰在区域语言立法方面出台的新政策都说明语言政策在逐步得到更多重视。此次调查共有7500名15岁及以上的荷兰居民参与，主要关注两个方面：家庭环境中的语言选择和社交媒体平台上的语言选择。调查结果显示，超过75%的受访者在家庭环境中使用荷兰语，使用区域通用语或区域语言（林堡语或低地撒克逊语）的比例为10.2%，5.4%的受访者使用方言，另有8.2%的受访者表示在家庭环境中会使用其他语言（如土耳其语或摩洛哥阿拉伯语）。

以上调查结果与荷兰中央政府采取的荷兰语普及政策是相符的，即软性政策必然会削弱荷兰语普及的力度和范围，给其他不受法律保护的语言在公共场合之外的使用留下空间。但就目前的情况来看，即使是在家庭环境中，荷兰语作为全国通用语的地位也未受到影响，且区域通用语和其他区域语言亦能在特定族群中得到传承。

3.4.2.3 英语

与弗里斯语、林堡语和低地撒克逊语相比，英语在荷兰家庭中的使用率并不高。在2017年公布的荷兰语地位调查报告中，仅有不足5%的受访者表示在日常交往中除荷兰语以外也使用英语（Rys *et al.* 2017）（见图3.12）。荷兰国家统计局的调查结果也显示，英语在荷兰家庭中的使用占比是1.6%（Schmeets & Cornips 2021）。

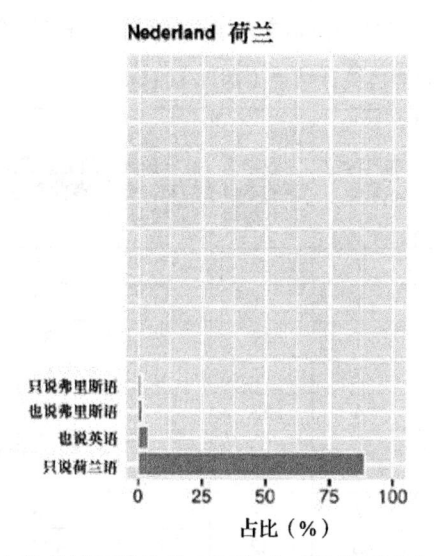

图 3.12　2017 年公布的荷兰语地位调查报告中对荷兰受访者日常交往语言使用情况的调查结果（翻译）(Rys et al. 2017：20)

荷兰语地位调查系列结果显示，教育领域才是英语在荷兰的主要使用领域。2019 年公布的荷兰语地位调查报告显示，荷兰大学以英语授课的课程数量较 2016 年有所增加，更多教学材料只以英文出版，学生在交流和撰写论文时更多使用英语（Rys & Heeringa 2019）。

为了进一步了解英语在高等教育领域的使用情况，荷兰语地位调查委员会委托荷兰学者对荷兰乌得勒支大学进行个案研究。研究所得学历教育语言使用情况统计表（见表 3.1）显示，尽管乌得勒支大学在本科阶段几乎专注于提供荷兰语教育，但在硕士研究生阶段，以英语为教学语言的学历教育项目占比接近四分之三（Nijland 2019）。

表 3.1　荷兰乌得勒支大学本科及硕士研究生阶段各学院教学语言统计结果（翻译）(Nijland 2019：287)[1]

学院	本科专业数量	以荷兰语为教学语言的本科专业数量	以英语为教学语言的本科专业数量	硕士研究生专业数量	以荷兰语为教学语言的硕士研究生专业数量	以英语为教学语言的硕士研究生专业数量
基础自然科学学院	7	7	0	16	2	14
动物医学学院	1	1	0	3	3	0
人文学院	21	19	2	31	9	22
医学院	2	2	0	16	5	11
地球科学学院	4	3	1	16	2	14
法律、管理和经济学学院	4	3	1	25	13	12
社会科学学院	7	7	0	26	0	26
总数	46	42	4	133	34	99

英语在荷兰教育，特别是高等教育领域的广泛应用是不争的事实。这与荷兰教育语言政策的国际化视野是分不开的。通过在法律政策层面为研究生及以上学历教育提供以英语为教学语言的可能性，荷兰大学能够更快地与世界顶尖学术前沿接轨、引进更多高级学术人才，同时也能吸引更多高层次外国留学生。这种政策倾向的实际落实效果也通过荷兰语地位调查结果得到了印证。

3.4.2.4　移民语言的使用情况

20 世纪 60 年代，荷兰为了发展重工业从土耳其和摩洛哥引进了大量劳工。这个群体被称为"外来劳动者"（gastarbeiders），意为短时间内在外国工作且在合同到期后将返回故国的人。尽管这一政策在 1973 年被废止，但土耳其籍和摩洛哥籍的工人仍然继续涌入荷兰。这一劳动者群体最终从临时来荷兰工作演变为荷兰规模最大的两个移民群体。土耳其

---

[1] 原引用文献中，"本科专业数量"总数为49，以"荷兰语为教学语言的本科专业数量"总数为45，此处引用表格已对数据进行修正。

语和摩洛哥阿拉伯语也因此成为除英语之外在荷兰家庭中使用率最高的外语。

根据荷兰国家统计局的调查，在家庭环境中使用土耳其语和摩洛哥阿拉伯语的群体与使用英语的群体有着本质区别。前者主要是受教育程度低的群体（在使用外语总人数中占比 18%），而后者主要是受教育程度较高的群体（在使用外语总人数中占比 11%）。移民背景也是人们在家庭环境中不使用荷兰语的主要原因。在第一代移民家庭中，有 44% 的受访者表示使用荷兰语以外的语言进行交流。在第二代移民家庭中，这一比例降至16%，而非移民背景的荷兰家庭中仅有 1% 的受访者表示在家中不使用荷兰语（Schmeets & Cornips 2021）。不同的文化背景与父母受教育程度低使移民家庭子女更容易出现荷兰语语言能力不足的问题，荷兰中央政府的语言规划也针对此种情况作出了回应。具体措施包括关注移民背景学生的语言学习状况，必要时允许学校根据学生的具体情况调整教学语言；为已经进入社会的成年人提供语言培训，以帮助他们适应荷兰社会；基于《社会参与法》，对申请补贴的居民应具备的语言能力提出要求等。

3.4.3 残疾人的语言保障

荷兰一直坚持建设和发展福利社会，因此保证交流受限或先天缺陷的群体享有同等的语言使用权利，也是荷兰构建语言和谐生活的重点之一。其中，盲人和弱视群体以及听障群体是此项工作的重要对象，具体措施分别为制定和落实盲文统一标准以及保障手语的地位。

3.4.3.1 制定和落实盲文统一标准

根据荷兰眼科协会（Oogfonds）统计，每三个荷兰儿童中就有一个受近视困扰，并且在未来有可能恶化导致弱视或失明；而在视力受限群体中，50 岁以上人群比例达到了 85%。[1] 为了保证逐年增加的视力受限人群能够

---

[1] 荷兰眼科协会官网，荷兰视障情况现状和数据，https://oogfonds.nl/visuele-beperking/feiten-en-cijfers （2021 年 12 月 25 日读取）。

与健康人群拥有相同的接触语言的机会与使用语言的权利，荷兰语语言联盟牵头成立了盲文权威合作组织（Braille-autoriteit），荷兰皇家图书馆、荷兰基督教盲人与弱视群体图书馆（Christelijke Bibliotheek voor Blinden en Slechtzienden）等机构参与合作。该合作组织于2017年正式成立并公布了荷兰语盲文标准，2019年又发布了新版荷兰语盲文标准。

新版荷兰语盲文标准将路易·布莱叶（Louis Braille）于19世纪创造的6点制盲文统一为8点制盲文。此番更改有以下几方面原因。首先，布莱叶的6点制盲文是基于法语创造的，因此在其他语言中，有一些字母（如W）是缺失的，有一些标点是冗余的，使用者需要自行"创造"新的盲文表达，这也造成标准不统一。其次，随着现代科学不断发展，数学、化学和物理学等领域不断有新的符号或概念需要编码。基于对统一标准和可容纳新符号的空间的需求，盲文权威合作组织最终选择了8点制盲文。一方面，8点制盲文可以为新产生和未来要产生的标点、符号和文字组合提供更大的空间；另一方面，荷兰语的8点制盲文和6点制盲文的大部分字母形制是相同的，只有标点、符号和数字的形制不同，因此在盲文权威合作组织统一盲文标准前，很多盲文印刷品供应商会二选一，盲文读者将长期在两种标准之间切换。尽管这对盲文读者来说并非易事，但也使他们熟悉并适应了8点制盲文系统。基于以上原因，盲文权威合作组织最终选择了能提供更多表达可能性的8点制盲文。[1]

仅统一并发布标准是不够的，还需要相关部门和企业的配合，如此才能取得效果。关于这一点，盲文权威合作组织在策划成立之时就进行了充分考量。也正是出于此种考虑，荷兰最大的盲文出版企业德地康（Dedicon）以及荷兰拥有百年历史的盲人和弱视群体专业关怀中心等致力于为相关群体提供专业、全面服务的机构和企业都参与其中，让统一后的盲文标准能够以最快的速度转化为标准盲文教程和标准盲文印刷品，落实统一盲文标准的成果。

---

[1] 荷兰盲文权威合作组织网站，2019版荷兰语盲文标准，https://braille-autoriteit.org/versie-2019-van-zespunts-standaard/（2022年4月28日读取）。

3.4.3.2 手语

2021年6月1日起，荷兰语手语正式成为荷兰中央政府认可的语言，其地位由《承认荷兰语手语法》保障。《承认荷兰语手语法》规定，荷兰中央政府有义务推广荷兰语手语的使用。

为了统一荷兰语手语标准并制定切实有效的手语推广计划，荷兰中央政府委托荷兰手语中心（Nederlands Gebarencentrum）进行研究并提出建议。荷兰手语中心成立于1996年，自2004年起被荷兰中央政府认定为官方荷兰语手语词汇发展机构。荷兰语手语的标准化是进行中的工程，主要由两个项目组成：荷兰语手语基本词汇表的制定和荷兰语手语词典的编纂。

荷兰手语中心负责的荷兰语手语基本词汇表的制定分为三个阶段。[1]

第一阶段为1999—2002年，初等和高等教育词汇标准化项目（Standaardisatie Basis- en Onderwijslexicon）完成了2500个日常交流必备词汇和2500个教育所需学科词汇的收集整理。

第二阶段为2003—2011年，在初等和高等教育词汇标准化项目成果的基础上进行荷兰语手语基本词汇表的建设。初等和高等教育词汇标准化项目整理的词汇表中有60%的词条是全国通用的，因此直接收录在荷兰语手语基本词汇表中。此外，荷兰手语中心对荷兰语手语基本词汇表中的一些区域性手语词汇变体进行了梳理和标准化处理，共补充了8000个词条。

第三阶段为2012年至今，荷兰手语中心开始对未收录在荷兰语手语基本词汇表中的区域性手语词汇进行收集和标准化处理。

截至目前，荷兰语手语词典的编纂已经初显成效。在荷兰语手语基本词汇表的基础上，荷兰语手语在线词典（Online Gebarenwoordenboek）已经收录了超过16,000条全国通用的手语词条。该在线词典目前还处于持续建设中，未来将会收录更多区域性手语词汇变体。另外，荷兰语手语在线词典不仅免费向公众开放，还提供手机网页版以方便用户使用。

---

[1] 荷兰手语中心网站，手语标准化，https://www.gebarencentrum.nl/standaardisatie（2022年4月28日读取）。

荷兰规范盲文和手语使用标准的做法在某种程度上也借鉴了制定荷兰语规范使用标准及落实相应措施的思路，即先通过权威、专业的机构间合作，制定可实现的规范使用标准，再推出易于获取、实用可靠的工具，让使用者主动规范自身的语言使用，最终达到规范盲文和手语使用的目的。

3.5　荷兰国家语言核心能力建设小结

就荷兰通用语的普及而言，荷兰法律体系对行政、教育和媒体领域通用语言的规定比较完善，考虑到了各个国民群体和不同层次的语言需求，既对通用语言作出了规定，又提供了例外情况的解决办法和行事自由，从语言政策层面为国家战略的实施提供了法律依据和便利条件。行政语言是一国行政行为的载体，教育语言是传承知识与文化的载体，媒体语言是社会进行共同思考的载体，因此需要在这三个关键领域确立荷兰语和弗里斯语的地位，保证它们能够成为社会的通行语言。这些关键领域也会潜移默化地对家庭生活、企业经营等产生影响，这是制定法律时保证对象重点清晰的积极结果。在此基础上，荷兰还注重国际化视角，重视学生的外语能力培养以及教育、媒体等领域与国际接轨。如此便更能为文化多元社会的发展和国际竞争力的提升提供机遇和空间。

但是，这一路径也有劣势。由于荷兰语普及政策的强制性较弱，仍有一定比例的非荷兰语母语者选择在公共场所使用其他语言。这种柔性政策是否会给荷兰语的全国通用语地位带来威胁，需要持续关注。

在荷兰通用语的规范化领域，无论是荷兰语还是弗里斯语的落实措施，都呈现出注重实用性和注重信息技术的应用两个特点。这与荷兰通用语规范使用标准中强制使用标准语言措施的缺失是分不开的。《正字法》仅对荷兰中央政府工作人员和公共教育机构工作者具有强制性，而荷兰其他社会群体缺乏自觉规范自身语言使用的原动力。因此，荷兰通用语的规范化措施具有非常强的实用性。与拼写规则配套的《绿皮书：荷兰语词汇表》和《荷兰语词汇表》网站，与语法规则配套的语言使用建议网站、拼写校对工具等都是在制定语言规范使用标准基础上更进一步的措施，能够让语言使用者在遇到困难或语言使用问题时方便、快捷地找到所需答案，从而养成规范自身语言使用的习惯。这些实用工具也是对信息技术的积极应用。无论是在线词典还是合作开发的翻译平台，都建立在语言资源数字化的基础上。在这方面，荷兰投入了大量的资金和人力。

荷兰在进行语言信息化和智能化实践时，坚持由相关管理机构主持和资助研发，重视利用大学科研力量，使大部分作为成果产出的数据库和实用工具能够以开源、免费的形式向语言使用者、语言学习者和语言研究者开放。与此同时，由政府支持的专门机构对语言信息化和智能化进程进行统一规划，保证资金、人才和资源的投入不发生过度重叠，在达成语言信息化和智能化目标的同时，推动学术机构的发展和学术人才的培养，为未来储备相关领域的顶尖人才。

总体来看，荷兰的社会语言环境并不复杂。荷兰语是全国通用语，其使用已经在社会各个领域形成了固定的习惯。区域通用语的教学和使用有法可依，实际使用情况也符合预期。荷兰中央政府为区域语言提供保护政策，且均以保护和传承荷兰文化多样性为目的。英语作为国际社会广泛使用的世界通用语，在荷兰教育领域有着广泛的应用，荷兰中央政府对此持支持与欢迎的态度。目前，还没有一种语言能够对荷兰语的通用语地位产生实质性的影响。

但是，荷兰社会中还存在一些潜在的语言问题，可能导致学龄儿童无法掌握足够的荷兰语能力，或造成成年人无法主动参与社会生活。对于因移民背景和受教育程度低等导致的语言能力不足，荷兰中央政府主要通过义务教育政策、社会培训项目等方式对相关群体进行扶持，但其目的并非增强归属感或促进社会团结，而是保证属于不同社群、来自不同背景的个体都能够积极、有效地参与社会生活。对于因生理缺陷而无法使用荷兰语进行交流的群体，荷兰中央政府积极寻求与荷兰语语言联盟的合作，通过制定盲文和手语标准为相关群体提供平等的交流机会。

第四章
荷兰国家语言战略能力建设

文秋芳（2019：61）提出，国家语言战略能力是"国家对外进行开放、维护国家主权、塑造国家形象、提升国家国际地位的支柱"。荷兰地处西欧，国土面积有限，因此国家通用语言使用规模也有限，但荷兰历来非常重视国际贸易与交往，自然也将国家语言战略能力视为国家语言能力建设的关键。文秋芳（2019）同时提出了衡量国家语言战略能力的三个评价指标：覆盖面、科学性和影响力。其中，覆盖面考察国家外语教育培育的人才在国家、地区和领域等方面的广度；科学性考察外语人才的培育是否符合内在规律并满足社会需求；影响力考察国家外语人才在国家处理国内外语言事务的过程中能够发挥多少积极作用。本章以荷兰国家外语教育政策、荷兰国家通用语国际拓展实践、荷兰国家对外话语的表述和荷兰国家语言人才资源掌控为线索，以覆盖面、科学性和影响力为指标对荷兰国家语言战略能力进行剖析。

4.1　荷兰国家外语教育政策

荷兰的国民英语水平位居欧盟和世界前列，这与荷兰国家外语教育政策注重实用性、将知识和能力放在同等重要的位置进行政策规划的特点是分不开的。下文将依次基于初等学校外语教育政策、中等学校外语教育政策、高等学校外语教育与使用政策以及中等学校汉语教育情况，解析荷兰国家外语教育政策的重点。

在国家语言战略能力的建设过程中，外语教育是重中之重。荷兰也不例外。荷兰各教育阶段外语教育的对象和内容首先由相关法律规定保障。此外，荷兰还结合国家教育体系特点，在2019年提出了适用于义务教育阶段的《国家英语/现代外语教育改革方案》（下文简称"《外语教育改革方案》"）。荷兰的教育体系相对复杂，学生在中等教育阶段就可以选择就读不同类型的教育机构。因此，统一的外语教育规划对于学生个体的外语能力发展至关重要。

《外语教育改革方案》服务于以下五个主要教学目标。

（1）有效的跨界沟通：学生不仅能够理解他人使用另一种语言表达的内容并基于此进行思考和反馈，还能够根据不同的沟通对象、目的和媒介，选择不同的方式。

（2）创造性的语言使用：学生能够理解用外语写就的诗歌、故事、戏剧等创造性文本，了解其特点及文化和社会背景。

（3）跨文化沟通能力：学生能够理解语言是文化的载体，能够认识到本国文化与其他国家文化的异同，并基于此培养开放的心态和跨文化沟通能力。

（4）语言认知（taalbewustzijn）：学生能够认识到语言并非交流的障碍，而是沟通体系的一部分，并能理解不同语言的异同、语言的发展以及语言与人的关系等。

（5）多语主义：学生能够认识到自身和周围人的多语性，知道与语言相关的刻板印象和既有偏见的存在。

针对不同教育阶段和不同类型的教育机构，《外语教育改革方案》提出了不同的落实建议。例如，在高等教育阶段，荷兰中央政府通过法律保障和具体建议相结合的方式，拓宽了外语教育对象的范围并深化了对学生外语能力的培养。

需要说明的是，英语是荷兰外语教育政策的重点，但不是唯一的对象。荷兰语、英语和德语同属印欧语系日耳曼语族西日耳曼语支，且荷兰与德国接壤，与英国隔海相望。此外，荷兰语区实际上是欧洲海岸线上日耳曼语与罗曼语的语言分界，荷兰在历史上也经历过以会说法语为身份象征的时期。因此，法语和德语等现代外语同属外语教育政策的对象。英语与其相比处于更中心的地位。下文所述的外语教育政策如无特殊说明，均为适用于各现代外语科目的政策。

4.1.1　荷兰初等学校外语教育政策

荷兰初等教育面向4—12岁学龄儿童。与基础教育的主要区别是基础教育专指小学教育，而初等教育还包括特殊基础教育（针对有特殊学习需求的学龄儿童）和特殊教育（针对有身心障碍的学龄儿童）。由于本书关注荷兰在国家层面的外语教育政策和投入，故下文所指初等学校皆为适用《外语教育改革方案》的普通小学（reguliere basisschool）。

关于教育对象，《初等教育法》规定，英语与荷兰语、体育运动、计算和数学等科目一同被列为初等教育必修科目。除了保证上述科目的教学，学校还可提供德语或法语课程。

关于教育目标，《外语教育改革方案》分别就五个主要教学目标提出了建议。

基于第一个教学目标"有效的跨界沟通"，《外语教育改革方案》要求小学培养学生理解简单的外语表达的能力，并保证学生能够进行适当的简短回应；同时，建议小学培养学生理解数字形式文本内容（digitale teksten，即以电子形式为载体的文本），以及以数字形式进行口头和书面表达的能力。这与荷兰中央政府的荷兰语语言规划相呼应。[1] 随着科技的高速发展，语言不再局限于口头和书面形式，数字平台为语言使用者提供了更多可能，但也带来了不少挑战。无论是其他语言文化背景的荷兰语学

---

[1]　见本书2.2.1节。

龄儿童,还是荷兰的外语学龄儿童,他们在未来的语言使用中都将面对更复杂的信息技术。因此,荷兰中央政府对母语和外语教育一视同仁,重视语言基础技能之外的(数字)技术能力。从某种程度上来说,荷兰中央政府将能够适应技术发展带来的语言变化的能力视为国家语言战略能力的一部分。

初等教育阶段对第二个教学目标"创造性的语言使用"的规划主要表现为激发学生对外语的兴趣。此处的兴趣指的是因外语带来的新奇体验而产生的兴趣。《外语教育改革方案》特别提出,学生要能够理解使用外语创作的简单创意文本并且对其他(奇幻)世界抱有开放的心态和好奇心。一方面,这体现了荷兰中央政府在制定语言规划时采取的实用主义视角。动画、故事书或绘本具有很强的趣味性,在小学阶段帮助学生发现这种趣味性可以降低或消除陌生语言带来的隔阂感,进而激发学生对于外语本身的兴趣。这种教学形式本身并不是目的,促进外语学习才是最终目标。另一方面,对于初等教育阶段的学龄儿童来说,观看或阅读外语原版资料可以开阔他们的视野,为更高教育阶段的文化素养和思辨能力培养打下基础。课堂上的教学时间始终有限,利用学生对外语的兴趣促进他们的外语学习,这是荷兰外语教育政策的创新之处。

第三个教学目标"跨文化沟通能力"和第四个教学目标"语言认知"属于进阶的语言能力,因此《外语教育改革方案》并未在初等教育阶段对其作过多规划。

第五个教学目标"多语主义"本身也是一种需要基础积累的语言素养。但是,荷兰社会高度开放和多元的构成特点决定了初等教育阶段的学生已经认识到荷兰社会中不同人群使用不同语言的特点。因此,《外语教育改革方案》期望学生可以尝试使用班内同学的语言互相问候、数数或唱生日歌等。荷兰初等教育对多语主义的教育规划在于培养学生对外国语言的正确态度,同时强调语言变体是个人身份认知的一部分。这实际上隐藏了对多语战略布局的两方面思考。首先是对外语能力和国际影响力关系的认识。荷兰作为国土面积有限的欧洲国家,拥有重视国际商贸、文化交往的传统。同时，荷兰是欧盟成员国之一，欧盟是荷兰在欧洲乃至国际政治舞台上施展影响力的主要推力，而欧盟的团结基石之一就是多语主义。因此，荷兰将多语主义视为国家政治影响力的重要基础，并使其贯穿整个荷兰语教育体系，保证通过语言理解和尊重其他国家文化（特别是欧洲国家文化）的传统能够传承下去。其次是对荷兰语本身的认识。全球范围内的荷兰语母语者数量为2400万左右，是荷兰、比利时法兰德斯大区、位于加勒比海的荷兰王国构成国（即阿鲁巴、库拉索和荷属圣马丁）以及苏里南共和国等国家和地区全部母语者人数的总和。在欧盟内部，荷兰、比利时两国以荷兰语为母语的人口总和在欧盟各官方语言的母语者数量排名中位列第八。上述国家和地区使用的都是标准荷兰语的变体，同荷兰荷兰语处于同等地位。因此，荷兰中央政府通过强调尊重其他语言变体的使用者及其文化和传统来团结荷兰语区的力量，以图求同存异。这两方面思考也体现在荷兰教育体系中。

荷兰初等教育阶段的外语教育有三个侧重点。一是重视基础语言能力的培养，从简单的口头和书面表达开始，本身并无十分特殊之处。二是在与欧盟多语主义政策接轨的同时，重视培养学生对荷兰以外的其他荷兰语变体使用者的认知。三是重视学生对外语及外语能够开启的文化世界的兴趣和好奇心，这也是荷兰外语教育出发点的特别之处。得益于荷兰语与英语、德语等欧洲现代外语的亲缘关系以及荷兰开放、包容的媒体政策，学生对外语及其代表的文化的兴趣可以迅速转化为学习动力。以英语为例，2018年，荷兰教育、文化和科学部下属的教育检查组（Inspectie van het Onderwijs）对荷兰小学毕业生的英语能力进行了调查。来自荷兰95所小学的2088名八年级学生参与了该调查。教育检查组还根据《欧框》专门设计了调查所用题目。调查结果（见图4.1）显示，荷兰小学毕业生的听力能力较强，达到《欧框》A2及以上级别的学生接近70%；阅读能力次之，超过半数的学生能够达到A2及以上级别；口语能力发展相对缓慢，尚有51%的学生仅达到A1级别（Inspectie van het Onderwijs 2019）。

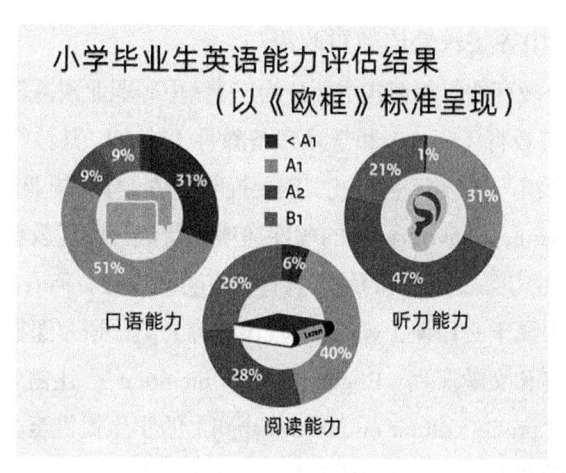

图 4.1　荷兰教育、文化和科学部教育检查组小学毕业生英语能力调查报告语言水平评估结果（翻译）（Inspectie van het Onderwijs 2019：10）

　　整体而言，完成荷兰初等教育的学生已经具备较高的英语水平。这与荷兰旨在激发学生兴趣、增强学习动力的外语教育政策是分不开的。具体来说，荷兰初等教育阶段的英语教育重视培养学生使用英语的"勇气"，将其命名为"语言自信"（linguistic self-confidence）并作为评估学生英语水平的指标之一。2012 年和 2018 年的小学毕业生英语能力调查结果显示，相较于 2012 年，2018 年初等教育阶段的英语课时整体有所减少且教师在课堂上使用原版音视频材料的频率也有所降低，但学生整体而言更敢于使用英语对话（Inspectie van het Onderwijs 2019）。此外，考虑到教学时长以及教师能够在课堂上提供的英语材料有限，学生的英语水平还受到他们在课堂之外接触的英语材料数量的影响。研究证明，初等教育阶段适龄儿童在课堂之外接触的英语材料数量与他们的听力能力和阅读能力发展呈正相关关系（Lindgren & Muñoz 2013）。外语考试成绩固然是外语能力的重要评价指标，但敢于主动地、自信地使用外语才是外语教育的最终目标。由此可见，荷兰初等教育阶段的外语教育政策也呈现出重视实用性的特点。

123

4.1.2 荷兰中等学校外语教育政策

荷兰中等教育的组织形式主要分为三类：中等职业预备教育（vmbo）、一般高级中等教育（havo）和学术预备教育（vwo），具体特点已在本书第二章作过介绍[1]，此处不再赘述。需要说明的是，学生毕业后预期接受教育的时长以 vmbo、havo、vwo 的顺序递增。荷兰《中等教育法》对这三类中等教育组织形式应提供的外语教育均有明确规定。英语在三类中等教育组织形式中属于必修课，vmbo 的教学内容为英语语言课程。havo 除了提供英语语言和文学课程（Engelse taal en literatuur），还需要为选择文化和社会方向（profiel cultuur en maatschappij）的学生提供至少一门现代外语语言和文学课程或弗里斯语语言和文化课程供选择。vwo 需在英语语言和文学课程外为学生提供现代外语或古典语言课程。具体规定为：雅典式学校（atheneum）需提供至少一门现代外语语言和文学课程或弗里斯语语言和文化课程供学生选择，同时，学生若修习至少一门拉丁语语言和文化课程或古希腊语语言和文化课程，则可免修文化和美学教育课程；语法学校（gymnasium）需提供拉丁语语言和文化课程以及古希腊语语言和文化课程供学生选择。

荷兰中等教育阶段的外语教育政策呈现出三个显著特点。第一，外语教育内容由初等教育阶段的语言能力和语言文化兴趣转向语言和文学。《中等教育法》明确规定，havo 和 vwo 必须提供英语语言和文学课程。换言之，接受这两类中等教育的学生除了掌握英语语言技能，还需要学习英语文学及文化知识。荷兰英语教育能够在中等教育阶段达到如此水平得益于两方面。首先，荷兰小学毕业生的整体英语水平较高，这一点已得到实证数据支持。其次，荷兰从中等教育阶段开始出现基于小学毕业考试成绩和学校推荐意见的教育分化。成绩较好、学习能力较强的学生更容易进入 havo 和 vwo 学习。同时，这两类中等教育组织形式也能为学生提供更高阶的英语教育。vmbo 则专注于为学生提供语言技能方面的培训。学生可

---

1 见本书 2.2.1 节。

以在三类教育组织形式之间流动也保证了学有余力的学生能够完成教育进阶，这体现了荷兰教育体系注重因材施教的出发点。第二，作为荷兰区域通用语的弗里斯语在中等教育阶段获得了与现代外语相同的地位。但是，以弗里斯语和现代外语为内容的教育也存在差异，前者主要关注语言和文化教学，而后者向语言和文学扩展。弗里斯语作为少数民族语言，是一个民族历史、文化和传统的载体，学习弗里斯语并了解其民族文化有助于弗里斯族裔的文化传承，促进外族人对弗里斯文化的理解。教授现代外语及以其为载体的文学、历史和文化一方面是荷兰对外交往的客观需要，另一方面也是欧盟多语主义政策在成员国教育体系中的体现。第三，欧洲古典语言课程是欧洲共同的文化遗产传承在荷兰现代教育体系中的反映。作为欧洲一体化的重要基础之一，古希腊和古罗马文化遗产是除语言互通外保证欧洲各国理解彼此文化的重要纽带。因此，荷兰在制定外语教育政策时，不仅给予以英语为代表、有助于处理各项国际事务的现代外语足够重视，更将本国区域通用语和欧洲古典语言纳入考量范围，从国家、欧洲（欧盟）和世界三个层面对外语教育政策作出规划。

《外语教育改革方案》是对初等教育和中等教育阶段的外语教育作出纲领性规定的政策文件，因此也对前文所述各教学目标在不同中等教育组织形式中的落实提出了具体措施。

针对"有效的跨界沟通"这一教学目标，中等教育阶段除了继续保持初等教育阶段对数字沟通的重视，还分别为三种教育组织形式制定了具体落实措施。其中 vmbo 的主要教育目标是保证学生的英语水平能够达到基础使用者（basisgebruiker）水平，即能够在与自己所选科目相关的语境中进行沟通和对话。havo 和 vwo 两类教育组织形式对学生的要求则在语种数量和语言水平方面均要高一个层次。这两类教育组织形式需要保证学生的英语水平向独立语言使用者（onafhankelijke gebruiker）水平靠拢，同时德语、法语、西班牙语或学校提供的其他现代外语水平应达到基础使用者水平。值得注意的是，《外语教育改革方案》在这一分项中对沟通能力培养的要求是一致的，即要求学生能够从特定主题的口语或书面语篇章中提取关键信息，并在语言知识不足的情况下利用补偿策略（compensatiestrategieën）推动沟通正常进行。这一要求不受教育组织形式和语种的限制，体现了荷兰语言政策注重实用性的特点，即语言是辅助沟通的工具，当语言能力不足时，其他能力同样可用于跨越语言边界或数字与现实边界的沟通。

初等教育阶段针对"创造性的语言使用"提出的落实措施主要是培养学生的外语阅读兴趣。到了中等教育阶段，学生需要将阅读兴趣转化为对电影的观影兴趣，以及对以所学语种写就的青少年文学作品的兴趣。这就意味着学生有能力将创作者及他们使用影像或文字塑造出来的角色放在相应的社会、文化和历史背景中理解和比较。这一措施不是相较于初等教育阶段落实措施的简单进阶，而是融入了更深层次的思考：教育如何才能让学生更好地适应多元化的荷兰社会？如何才能让学生在日后更加多元的国际环境中更快地找到自己的定位？另外，中等教育阶段还要求学生在创作诗歌或记叙文时能够尝试应用合适的创意文本结构或语言风格。荷兰拥有良好的诗歌文化氛围。现代荷兰"国民诗人"（Dichter des Vaderlands）是对欧洲古典传统的继承。这一头衔于2000年正式恢复，通常由荷兰国民诗人协会（het Dichter des Vaderlandschap）与由诗人和读者共同组成的委员会选出。首位现代荷兰"国民诗人"赫里特·孔木莱（Gerrit Komrij）是荷兰的著名诗人。每年的荷兰解放纪念日都会举办"5月4日诗人"（Dichter bij 4 mei）评选活动，该活动面向全国14—19岁学生征集以纪念第二次世界大战中死亡平民和军人为主题的诗作。活动当天，在评选中获胜的学生能够在荷兰国王、王后、首相和二战老兵面前朗诵自己的诗作。在这种氛围的熏陶下，诗歌不仅是荷兰文化生活的重要组成部分，也是学生学习外语、练习使用外语的重要媒介。外语创意文本理解和写作本身是一种语言能力，《外语教育改革方案》的要求不只停留在语言能力方面，而是将其与文化能力和语言素养结合起来，体现了荷兰外语教育重视能力培养的贯通。

中等教育阶段将"跨文化沟通能力"作为核心教学目标，首先鼓励学生比较不同文化中的元素,发现相同与不同之处,并学会如何表达这种异同。在后续的交流活动中,对异同之处的考量也能够帮助学生更有效地进行跨文化交流。荷兰中等教育针对这一教学目标提出的措施有两个显著特点。第一,重视思辨能力。语言是文化的重要组成部分,通过观察语言及其产品,可以一窥其中的文化元素与文化传统。这是第一重目的。通过比较本国文化与其他国家文化,学生可以对多元文化展开思考,这有利于推进欧洲一体化过程,促进对学生国际化视野的培养。这是第二重目的。鼓励学生将自己的观察结果和思考融入实际语言应用中,顺利完成跨越文化语境的交流,是基于基本语言表达能力的进阶要求。这是第三重目的。第二,重视用外语表达本国文化和传统的能力。本国文化与其他国家文化的对比建立在对本国文化的认知上,但跨越文化语境的表达要求学生能够使用外语介绍本国文化元素与传统。这一特点作为教学目标本身并没有突出的特质,但作为中等教育阶段的外语教学目标,这一布局可谓目光长远。荷兰拥有悠久的国际贸易传统,活跃在海外市场的荷兰公司几乎都使用英语或当地语言作为工作语言,使得运用外语介绍本国情况的能力变得至关重要。尽管中学生不可能在毕业后直接被入职企业派驻到海外工作,但他们中的一部分人可能已经对外派工作产生了兴趣。那么,将这一要求列入中等教育阶段的教学目标,可以让有兴趣的学生得到足够的训练。荷兰中等教育分类别、分层级的特点可以让学生选择自己感兴趣的教育类型,为未来的跨文化交流打下坚实的基础。

第四个教学目标"语言认知"属于进阶的语言能力,《外语教育改革方案》在初等教育阶段未作出过多规划;在中等教育阶段,要求学生能够意识到不同语言遵循的规则的异同,并基于这种认知在实际语言使用过程中选择最适合自己的表达策略。在中等教育阶段接受外语教育的学生中,只有极少数人会在下一个教育阶段选择荷兰语语言学或外语语言学相关专业。因此,《外语教育改革方案》并不强调培养学生的语言学知识,而是注重提升学生使用外语进行简单口头和书面表达的勇气。对外语教育的实用性考量仍然在教育规划中处于核心地位。

在中等教育阶段，以培养多语意识为目的的教学基于初等教育阶段的教学成果，提出了进阶要求。首先，学生不仅需要意识到周边环境中多种语言和文化的存在，还需要对欧洲和世界范围内语言与文化的多样性有初步认识。其次，《外语教育改革方案》要求中等教育阶段学生具备在不同外语之间切换的能力，这能力要求看似极高，但得益于荷兰语与英语、德语等欧洲现代语言的亲缘关系，以及荷兰媒体政策的包容性，在中等教育阶段就掌握一种以上现代外语对荷兰学生来说并不是天方夜谭。因此，《外语教育改革方案》并未满足于让学生意识到多种语言和文化共存，而是希望学生在沟通遇到问题时，能够具备在不同外语之间切换以达到沟通目的的能力。这同样是从实用性出发的考量。最后，多语主义本身就是欧盟的重要政策之一，具体到外语教育中，需要学生能够对语言、文化及语言变体抱有既好奇又尊重的态度。可以说，荷兰中央政府在认同多语主义能够推动欧洲一体化进程的同时，也将外语教育视为培养未来欧洲公民多语能力和多语认知的重要工具。

总体来看，荷兰中等学校外语教育政策仍然秉承荷兰语言政策一贯坚持的实用性考量：外语或多语环境是未来欧洲公民乃至世界公民生活的必然构成因素，让学生在观看或阅读外语（数字）材料中体验到乐趣、观察到规则并敢于使用（多门）外语沟通，是《外语教育改革方案》的终极目标。在此基础上，中等学校外语教育已经呈现出对语言知识和语言能力同等重视、共同培养的趋势。《外语教育改革方案》的五大教学目标可以进一步横向分为语言使用知识、语言规则知识、历史文化知识、日常沟通能力、应变沟通能力、创造性使用能力等。因此，各个教学目标之间并不是互相独立的，知识和能力是跨越教学目标界限的。例如，语言素养是专门的教学目标，但在实现创造性的语言使用时可以兼顾激发学生对外语的兴趣。当然，由于荷兰中等教育学校类型的复杂性，《外语教育改革方案》的落实也有不足之处。2021年，荷兰培养方案委员会（Curriculumcommissie）受荷兰教育、文化和科学部委托，对荷兰中等教育考核体系进行评估。该委员会发现，vmbo、havo和vwo三类教育组织形式对现代外语科目的考核存在较大差异，这给期望在不同教育组织形式之间转换的学生造成额外限制。例如，vmbo 的学生会因为科目考试和教学进度差异过大而无法更换至 havo（Nationaal Expertisecentrum Leerplanontwikkeling 2011）。依据学生的学习兴趣、能力和基础开展不同形式的教育本是荷兰中等教育的特色和创新之处，但就外语教育而言，不同教育组织形式的外语教学质量和教学效果差距较大，也给未来的荷兰社会埋下隐患。荷兰社会高度开放、多元的特点，以及悠久的对外贸易传统将外语能力推到了核心位置。社会中的个体只有具备足够的外语知识和能力，才能与身边的不同群体进行沟通。外语教育效果差异过大会导致部分学生仅能掌握部分语言知识，无暇顾及语言背后的历史文化传统，也就无法形成对待多语主义的正确态度。长此以往，外语能力相对落后的学生会因为失去对外语的兴趣而被动地缩小自己的视野边界。这对高度融入欧洲社会和世界社会生活的荷兰来说是不利的，对于作为欧洲公民的个体的未来发展也是不利的。荷兰培养方案委员会已经提出为三类教育组织形式制定进度相同、水平相当的科目考核计划，其落实情况或实施效果如何，还有待后续研究。

4.1.3　荷兰高校外语教育与使用政策

荷兰高等教育产业高度发达，2021 年 QS 世界大学排名（QS World University Rankings）中，共有 9 所荷兰大学入围前 200 名，分别为代尔夫特理工大学（Technische Universiteit Delft）、阿姆斯特丹大学、瓦格宁根大学及研究中心（Wageningen University & Research）、埃因霍温理工大学、乌得勒支大学、莱顿大学、格罗宁根大学、鹿特丹伊拉斯谟大学（Erasmus Universiteit Rotterdam）和特文特大学。以荷兰的国土面积和人口总数来说，有 9 所大学入围前 200 名是相当可喜的成绩，也证明了荷兰高等教育机构的教学和科研实力。

就高校外语教育而言，与其说荷兰高校通过开设外语专业推动国家外语能力建设，不如说荷兰高校通过使用外语教学来推动国家外语能力建设。荷兰《高等教育和科学研究法》规定，以下情况视为上述规定（教育以荷兰语施行）的例外情况：a. 若教学目标为另一种语言；b. 若该节课由说外语的客座教师讲授；c. 为满足特定情况、教育实施或质量、教育对象的来源需要，但必须符合该教育机构制定的相应语言使用行为准则。宽松的高等教育语言使用政策为高校面向全球引进高水平师资、开设以英语为教学语言的专业并招生预留了充足的空间。这种宽松政策的优势是显而易见的，但高等教育阶段如何平衡英语与荷兰语的使用也引起了政府和专家的关注。总的来说，争议的焦点是高校和研究机构的国际化进程是否存在与荷兰《高等教育和科学研究法》相关规定有悖之处（Inspectie van het Onderwijs 2018）。

英语在荷兰高等院校中的使用范围越来越广是一个不争的事实。表 4.1 展示的是荷兰高校 2015—2016 学年以注册学生数量统计的教学语言使用情况及 2016—2017 学年以本科和硕士研究生专业比例统计的教学语言使用情况。硕士研究生项目（包括研究项目和教学项目）仅使用英语教学的专业比例均超过 50%。本科项目仅使用荷兰语教学的比例较高，保持在 70%。近几年，本科项目只使用英语教学的比例逐年升高。瓦格宁根大学及研究中心的特色是将英语作为教学和工作语言之一，目前提供 6 个全英文教学本科项目。特文特大学未设英语语言文学或类似专业及语言中心，但设有 7 个以英语为教学语言的本科项目。马斯特里赫特大学（Universiteit Maastricht）的 22 个本科专业中，16 个为英语教学项目，以荷兰语为教学语言的本科项目仅有 6 个，占比不到 30%。

表 4.1　荷兰高校 2015—2016 学年以注册学生数量统计的教学语言使用情况及 2016—2017 学年以本科和硕士研究生专业比例统计的教学语言使用情况（翻译）（KNAW 2017：107）

学生类别	2015—2016 学年（数量）			
	使用英语	使用荷兰语	使用英语和荷兰语	注册学生总数
硕士研究生	56,497	25,121	14,433	96,051
硕士研究生+教育研究生	56,584	26,832	14,433	97,849
本科生	31,311	102,117	25,033	158,461

（续下表）

(接上表)

2016—2017 学年（比例）				
学生类别	使用英语	使用荷兰语	使用英语和荷兰语	专业比例
硕士研究生	69%	18%	13%	100%
硕士研究生+教育研究生	59%	30%	11%	100%
本科生	20%	70%	10%	100%

根据荷兰教育、文化和科学部下属的教育检查组的调查结果，在 77 所以荷兰语外的其他语言为教学语言的高校中，仅有 43 所依照《高等教育和科学研究法》制定了语言使用行为准则。34 所未制定相应准则的高校包括 2 所公立大学、16 所公立应用科技大学和 16 家私立教育机构（Inspectie van het Onderwijs 2018）。

部分高校语言使用行为准则的缺失实际上是由荷兰高等教育语言使用政策落实力度不够造成的。需要指出的是，这并不代表荷兰国家通用语推广政策的落实存在缺陷。英语在高等教育中的广泛使用是高等教育国际化的必然结果。尽管英语在高等教育领域的使用范围有所扩大，但并没有对荷兰语的国家通用语地位造成威胁，因此笔者将此部分内容作为荷兰国家语言战略能力建设实践进行讨论，而非荷兰国家语言核心能力建设。在高等教育领域得到广泛使用的英语如同中世纪作为学术语言得到广泛使用的拉丁语，两者均为高等教育和科学研究服务，并不会对其他语言的使用乃至存在构成威胁。围绕高等教育语言的争议，是现行法律规定与不断推进的荷兰高等教育国际化进程的平衡问题，而非英语和荷兰语地位之争。

针对此种情况，荷兰皇家科学院受荷兰教育、文化和科学部委托开展了专项研究，旨在为荷兰中央政府（特别是荷兰教育、文化和科学部）以及荷兰高校平衡教育国际化和现行高等教育语言政策提供建议。研究报告提出，荷兰教育、文化和科学部应该督促高等教育机构制定适合本校情况的语言政策，并强调应该赋予教学专业选择教学语言的权利。换言之，荷兰皇家科学院肯定了现行法律规定在高等教育机构得到履行的可行性。高等教育机构在依规定制定本校适用的语言使用行为准则后，可以开设以英语为教学语言的专业。这为荷兰高等教育产业进一步实现国际化发展拓展了空间。但是，研究报告也指出，荷兰教育、文化和科学部有义务为高等教育机构语言政策的实施提供必要的支持，"特别是就以母语之外的语言开展教学提供教学法方面的专门培训"（KNAW 2017：90）。此外，荷兰皇家科学院还强调高等教育机构在设置专业授课语言时应考虑到教育的实际需要、毕业生的荷兰语水平能否满足参与社会生活的需求、用人单位对毕业生的语言要求等因素（KNAW 2017）。

  总体来说，荷兰高等教育的国际化程度较高，其优势也是显而易见的，国际高水平大学数量和国际留学生数量都是佐证。但是，荷兰中央政府也从专家和教育从业者的反馈中意识到，推进高等教育国际化不等于放弃对学生荷兰语语言能力和荷兰社会生活适应能力的培养。高校如果能够保证学生在接受以英语为教学语言的相应（学术）训练后，仍然能够主动、全面地参与荷兰社会生活，那么就有权合法地开设使用英语教学的专业。这种合法性的前提是，学校需要制定相应的语言使用行为准则。这一点在本科和硕士研究生专业的教学语言使用情况（见表4.1）中也有所反映。荷兰高校2015—2016学年以注册学生数量统计的教学语言使用情况显示，在全部硕士研究生中，超过57%的学生接受的是以英语为教学语言的教育。这一比例在本科生中不足20%。荷兰高校2016—2017学年以本科和硕士研究生专业比例统计的教学语言使用情况从另一角度表明，荷兰高等教育机构以荷兰语教学的本科专业比例远超以英语教学的本科专业比例，但硕士研究生阶段的情况则正好相反，这是高等教育机构行使自主权的体现。近年来以英语为教学语言的本科项目数量有所增加，且在荷兰教育、文化和科学部的督促下，原本未依照法律规定制定语言使用行为准则的高等教育机构已经基本完成了准则制定（Van Engelshoven 2019）。在此种政策导向下，未来荷兰高等教育的国际化进程将为荷兰国家语言战略能力建设作出更多贡献。

在高校外语教学方面，荷兰高校的专业设置呈现出注重区域与国别研究、教学语言灵活两大特点。受篇幅所限，表 4.2 仅列出荷兰主要大学本科阶段以外语为核心的专业名称及各大学附属语言中心提供的语言课程情况。从本科专业设置可以看出，荷兰高校的外语教育非常注重区域与国别研究。英语、法语、阿拉伯语等是使用范围较广的语言。古希伯来语、拉丁语和古希腊语等属于古典语言。对于这些语言的人才培养多设立语言和文化方向专业。其他语言的人才培养多设立区域研究（如中东地区、东南亚地区、非洲、拉丁美洲）或国别研究（如俄罗斯、中国、日本、韩国等）方向专业。这种专业设置思路不是凭空而来，而是拥有实现基础和后续发展空间。荷兰初等教育和中等教育阶段的外语教育在教授语言知识的同时，注重培养学生的历史文化意识和多语意识。因此，进入高等教育阶段并选择外语专业的本科生，已经对学习外语及其历史、文化和思想有了比较清晰的认识。这些都是区域与国别研究的基础。此外，欧洲发达的高等教育体系可以为这些专业的本科毕业生提供进修机会，让有志以区域与国别研究为事业的学生通过跨国交流、合作项目等形式接触到更丰富的教学资源。荷兰高校外语教育教学语言灵活的特点也与此挂钩。荷兰高校开设的以外语为核心的本科专业并不都是以荷兰语或所学语言为教学语言。例如，格罗宁根大学的欧洲语言与文化专业分设了荷兰语教学和英语教学两个类别，莱顿大学的非洲研究专业完全使用英语教学。此举的优势有二。一是方便学生进行跨国交流。无论是本专业学生到其他高校交流学习，还是其他高校的学生来本校交流学习，英语教学都可以让学生无障碍地融入新的教学环境并提高教学效率。二是有利于后续研究的展开。英语是全球通用的研究语言，在本科阶段使用英语作为教学语言，可以拓宽学生的阅读范围和研究视野。特别是对于区域与国别研究来说，使用英语可以拓宽研究成果的传播范围并增强其影响力（Van Engelshoven 2019）。对于未来的研究者来说，使用英语阅读和写作是必备能力。对于荷兰高校来说，培养能够使用英语进行研究和教学的人才是提升高校整体实力的途径之一。

表4.2 荷兰主要大学本科阶段外语专业设置及语言中心课程语种覆盖情况一览

高等教育机构	以外语为核心的本科专业	语言中心课程覆盖的语种
代尔夫特理工大学	无	无
阿姆斯特丹大学	阿拉伯语语言与文化（Arabische taal en cultuur） 德国研究（Duitslandstudies） 英语语言与文化（English Language and Culture） 希伯来语语言与文化（Hebreeuwse taal en cultuur） 意大利研究（Italië studies） 现代希腊语语言与文化（Nieuwgriekse taal en cultuur） 俄罗斯及斯拉夫研究（Russische en Slavische studies） 北欧研究（Scandinavië studies） 西班牙和拉丁美洲研究（Spaanse en Latijns-Amerikaanse studies）	英语 西班牙语 意大利语 法语 德语 葡萄牙语 瑞典语 俄语 汉语 阿拉伯语 日语
瓦格宁根大学及研究中心	无	无
埃因霍温理工大学	无	无
乌得勒支大学	德语语言与文化（Duitse taal en cultuur） 英语语言与文化（Engelse taal en cultuur） 法语语言与文化（Franse taal en cultuur） 伊斯兰与阿拉伯语（Islam en Arabisch） 意大利语语言与文化（Italiaanse taal en cultuur） 凯尔特语言与文化（Keltische talen en cultuur） 西班牙语语言与文化（Spaanse taal en cultuur）	英语 汉语 德语 法语 印度尼西亚语 意大利语 日语 韩语 挪威语 葡萄牙语 俄语 西班牙语 瑞典语 （与商业语言学校Babel[1]合作开展教学）

（续下表）

---

1 网址：https://www.babel.nl/。

（接上表）

高等教育机构	以外语为核心的本科专业	语言中心课程覆盖的语种
莱顿大学	非洲研究（African Studies） 中国研究（Chinastudies） 德语语言与文化（Duitse taal en cultuur） 英语语言与文化（Engelse taal en cultuur） 法语语言与文化（Franse taal en cultuur） 希腊语和拉丁语语言与文化（Griekse en Latijnse taal en cultuur） 日本研究（Japanstudies） 韩国研究（Koreastudies） 拉丁美洲研究（Latijns-Amerikastudies） 中东研究（Midden-Oostenstudies） 古近东研究（Oude Nabije Oosten-studies） 俄罗斯研究（Russische studies） 南亚和东南亚研究（South and Southeast Asian Studies）	阿拉伯语 汉语 德语 英语 法语 意大利语 日语 韩语 克罗地亚语 波斯语 俄语 西班牙语 瑞典语
格罗宁根大学	美国研究（American Studies） 希腊语和拉丁语言与文化（Griekse en Latijnse taal en cultuur） 英语语言与文化（English Language and Culture） 欧洲语言与文化（Europese talen en culturen，德语、英语、法语、西班牙语、意大利语、瑞典语、俄语） 欧洲语言与文化（European Languages and Cultures，德语、作为外语的荷兰语、英语、法语、西班牙语、意大利语、瑞典语、俄语） 中东研究（Midden-Oostenstudies）	阿拉伯语 汉语 德语 英语 法语 意大利语 日语 俄语 西班牙语
鹿特丹伊拉斯谟大学	无	无
特文特大学	无	无

尽管专业设置有其特色和优势，但整体而言，荷兰高等教育机构的外语专业仍然面临很大的挑战。"高校语言专业入学人数在过去几十年中持续减少"是荷兰国家语言教育合作平台（Nationaal Platform voor de Talen）专题研究报告的开篇语（Nationaal Platform voor de Talen 2019：1）。这份报告解析了荷兰高校语言教育问题和未来规划，认为语言教育对荷兰社会和经济发展的重要性主要体现在以下三个方面。首先，荷兰拥有悠久的多元社会传统，对不同文化和传统的理解与包容是建设和谐社会的基石。其次，学习语言和学习文化相辅相成。无论是掌握荷兰语言和文化、其他国家语言和文化还是古典语言和文化的人才都是推动社会发展的必需力量。

最后，荷兰秉承的国际贸易传统与推动知识经济体系发展都需要倚仗对世界各国语言和文化的深入理解。

荷兰国家语言教育合作平台的研究并没有将本国语言教育与外国语言教育区分开，鉴于本章主要讨论荷兰国家语言战略能力建设，故下文所分析的问题和发展规划均为与高等教育外语专业相关的内容。该研究在对高校语言专业入学人数持续减少这一严峻形势进行深入分析后，发现了导致这一局面的四个主要原因。在此仅对涉及外语教育的两个原因进行探讨。首先，注重区域与国别研究是荷兰高等教育机构外语专业设置的特色，也有其优势。但是，专家在研究后发现，这种重分析研究、轻语言能力的培养方式导致传统的语言和文化教育生存空间受到挤压。传统的语言和文化教育除了引导学生分析人类语言能力，训练学生理解语言使用，还重视对文学进行研究学习。换言之，学生在选择高校专业时，更看重以区域或国别研究为代表、以语言为"工具"进行研究性学习的专业，而非注重语言学、文学和语言技能训练的传统语言专业，特别是德语、法语、西班牙语等现代外语专业入学人数降幅明显（Nationaal Platform voor de Talen 2019）。其次，面临专业选择的学生和家长通常不了解传统语言专业的具体就业方向，因而转投其他专业（Nationaal Platform voor de Talen 2019）。以上两种状况不仅是荷兰高校外语专业面临的问题，也是整个外语教育产业在新时代面临的挑战。如何将国家外语战略能力建设落实到实际人才培养中，值得深思。

4.1.4　荷兰中学汉语教育情况

在荷兰主要大学本科阶段外语专业设置及语言中心课程语种覆盖情况一览（见表4.2）中，汉语无论是作为国别研究的教学核心，还是作为高校语言中心提供的语言课程教学对象，都是出现频率相当高的语言，这与近年来荷兰在中等教育阶段推广汉语教育是分不开的。中国语言和文化在荷兰的推广途径主要有孔子学院、海外中国文化中心和大型文化交流活动等。此处选择中学汉语教育作为重点进行分析，原因有二。首先，汉语在近几年才成为荷兰中学毕业考试选测语种。在中学阶段的选测语种中，古典语言和其他欧洲现代外语是未来欧盟公民相互理解和增进交流的必要媒介。土耳其语和摩洛哥阿拉伯语是荷兰最大的两个移民群体的母语，不论是使用人数还是适用范围都超过汉语。因此，汉语能够成为荷兰中学毕业考试选测语种本身就代表着荷兰对中国与日俱增的影响力和包罗万象的文化魅力的认可。荷兰国家教学计划发展中心认为，"荷兰学生在学习汉语时，还能够了解中国文化并且学会更好地理解和欣赏这种文化"（Beeker *et al.* 2008：5）。其次，荷兰中等教育的三类组织形式中，目前仅有 vwo 将汉语作为中学毕业考试选测语种。但是，随着汉语课程在荷兰中学生中的受欢迎程度逐年上升，havo 的学生也希望能够将汉语列入可选语种中。[1] 未来汉语在荷兰中等教育阶段的发展将能够更直观地反映出中国语言和文化在荷兰的推广成果。将汉语作为中学毕业考试选测语种，是中荷交往进一步密切的必然结果，也是荷兰在了解中国、理解中国方面迈出的一大步，因此也更能代表汉语在荷兰的推广成果。

2008 年，荷兰国家教学计划发展中心牵头起草了适用于 vwo 的中国语言和文化教学方案，名为《建议 vwo 学校开设中国语言和文化课程》，并于 2009 年得到荷兰教育、文化和科学部许可进行了为期三年的试点测试。2015 年，汉语正式成为 vwo 中学毕业考试选测外语语种。

表 4.3 展示了荷兰中等教育语言科目考试语种情况。不难看出，汉语是最晚入选考试范围的外语，且仅限于 vwo，但这并不意味着荷兰中学汉语教育发展缓慢。在 2009 年第一次试点汉语测试中，考试人数只有 20 人，2021 年增加至 264 人，且 2021 年的选课人数超过了 700 人。[2] 截至目前，荷兰共有 22 所 vwo 学校加入了由荷兰教育国际化组织（Nuffic）管理的汉语测试联盟（Netwerk Chinees）。[3]

---

[1] Hart van Nederland，选考中文的中学生数量逐年增加，https://www.hartvannederland.nl/nieuws/opmerkelijk/meer-middelbare-scholieren-eindexamen-chinees（2021 年 12 月 20 日读取）。

[2] Hart van Nederland，选考中文的中学生数量逐年增加，https://www.hartvannederland.nl/nieuws/opmerkelijk/meer-middelbare-scholieren-eindexamen-chinees（2021 年 12 月 20 日读取）。

[3] 荷兰教育国际化组织网站，汉语测试联盟简介，https://www.nuffic.nl/onderwerpen/netwerk-chinees/chinees-in-het-voortgezet-onderwijs（2021 年 12 月 20 日读取）。

荷兰国家语言能力研究

表 4.3　荷兰中等教育语言科目考试规定颁布时间一览
（翻译）(Ağirdağ et al. 2021：46)

科目	中等教育组织形式		
	vmbo	havo	vwo
荷兰语 (2011年《教育参考框架》生效，并未改变荷兰语教学体系)	2007	2007	2007
现代外语	2007	2007	2007
古典语			2014
中国语言和文化			2015
现代外语（初级） 阿拉伯语、意大利语、俄语、西班牙语、土耳其语		2007	2007
弗里斯语语言和文化	2007	2007	2007

荷兰 vwo 教育组织形式提供两种中文课程供学生选择。其中，"初级中国语言和文化"（Chinese taal en cultuur elementair）仅作为选修课，修完此门课程的学生预期能够达到相当于《欧框》A1 级别的汉语水平。"中国语言和文化"（Chinese taal en cultuur）课程主要供希望将汉语作为中学毕业考试选测语种的学生修习，教学目标是使学生的语言水平达到相当于《欧框》A2 级别。中学毕业考试共分听、说、读、写和中国文化五个分项。

荷兰中学汉语教育有两个特色。第一，引入新标准，将汉语水平与《欧框》进行横向连接。这种连接是通过欧洲汉语能力基准项目（European Benchmarking Chinese Language Project）实现的。该项目是法国、德国、意大利和英国的四所大学在欧盟委员会的资助下完成的，目的是为欧洲的汉语学习者制定一套与《欧框》接轨的语言水平评估标准。相比于汉语水平考试（HSK），欧洲的语言学习者显然更熟悉《欧框》的等级设置和语言水平要求。将汉语水平与《欧框》对标不仅能够让学习者对自身的语言水平有更加清晰的认知，也能够保证荷兰中学的汉语教育与其他欧洲现代外语在教学目标、课程进度、教学材料和考核测试四个方面具备可比性。值得一提的是，欧洲汉语能力基准项目制定的标准不仅完成了与《欧框》的接轨，还考虑到与汉语水平考试等级认定的兼容性。例如，欧洲汉语能力基准项目的 C 级语言水平相当于《欧框》C1—C2 级别，而《欧框》C2 级别分别对应汉语水平考试的最高等级（即 HSK 六级）和《国际汉语能力标准》五级。荷兰中学通过引入欧洲汉语能力基准项目制定的标准，为学生未来继续学习汉语并参加专业测试提供了参考。第二，将对中国文化的了解和掌握作为测试学生语言水平的一部分。选择汉语作为中学毕业考试选测语种的学生必须在必选书目中选择四本（作者、体裁不可重复），阅读荷兰语、英语或汉语任一版本。在最终测试中，学生除参加常规笔试外，还需根据提前提交的荷兰语或汉语阅读报告对其中的中国文化概念等进行口头汇报（presentatie）。荷兰中学开设汉语课程并将汉语设置为中学毕业考试选测语种建立在希望学生能够学习汉语、了解中文和中国文化的基础上。将文学作品阅读和最终测试结合起来是对这一教育目标的具体落实，也是荷兰外语教育重视实用性考量的体现。

4.2 荷兰国家通用语国际拓展实践

"国家通用语国际拓展"这一概念由文秋芳（2019：62）首次提出，考察一国政府"能否在国际上有效提升国家通用语的地位并达到预期效果"。国家通用语国际拓展能力可以从覆盖面、科学性和影响力三个方面进行评价。荷兰中央政府主要通过荷兰语语言联盟进行荷兰语国际推广实践。荷兰语语言联盟是由荷兰、比利时两国政府共同出资成立的国际组织，苏里南共和国及荷兰王国构成国阿鲁巴、荷属圣马丁和库拉索均参与该机构的事务管理并接受其咨询建议。[1] 因此，荷兰语语言联盟在荷兰语事务管理中的角色是协调世界范围内所有以荷兰语为国家通用语或官方语言（之一）国家的语言资源，并在自身职责范围内保证这些资源为实现特定的目标所使用。荷兰语语言与文化国际推广是荷兰语语言联盟的五项使命之一。可以说，荷兰中央政府将荷兰语国际推广事务交由荷兰语语言联盟牵头，是对可利用资源和力量的客观考量，体现了科学性的特点。荷兰

---

1 见本书 2.1.2 节。

语语言联盟将荷兰语语言与文化国际推广分为两个具体实施领域：国际荷兰语教育（Nederlands als vreemde taal）和国际荷兰语研究（Internationale neerlandistiek），基本做到了地理区域与内容对象的全覆盖。

下文将通过覆盖面、科学性和影响力三个指标来分析国际荷兰语教育和国际荷兰语研究，解析荷兰国家通用语国际拓展实践。

4.2.1 国际荷兰语教育

以科学性提升荷兰语的国际影响力是国际荷兰语教育的主要特点，主要通过资金与资源的合理调配来实现。

国际荷兰语教育专指在不以荷兰语为国家通用语或官方语言的国家和地区实行的面向非荷兰语母语者的教育，也称"对外荷兰语教育"。根据受教育对象的学习目的，有时也称"荷兰语第二外语教育"（Nederlands als tweede taal）。荷兰语语言联盟对国际荷兰语教育的规划分为资金与资源支持和主持开发非荷兰语母语者语言水平证书体系两个部分。

资金与资源支持主要面向开设荷兰语专业的外国高等教育机构、从事对外荷兰语教育（尤其是荷兰语第二外语教育）的教师及其教学对象。荷兰语区外的高等学校（包括大学、应用科技大学及大学附属的语言中心）开设的荷兰语专业（包括荷兰语系或荷兰语教研室等）可以向荷兰语语言联盟提出资金申请。该项资金名为"基础资助"（basisfinanciering），用于支付提升国际荷兰语教育质量所需的教材、参考书、工具书和期刊报纸等资料的购置或订阅费用，以及邀请相关专业人士为学生做讲座的临时费用等。基础资助按照荷兰语专业的教师数量和学生规模分为四档（见表4.4）。荷兰语语言联盟为两类从事对外荷兰语教育的群体提供资助。一类是在荷兰语区外担任对外荷兰语教师的荷兰语母语者，如北京外国语大学欧洲语言文化学院荷兰语教研室荷兰籍专家；另一类是担任对外荷兰语教师的非荷兰语母语者。针对前者的资助以补贴的形式直接发放，针对后者的资助则包括教师论坛（docentenbijeenkomst）、教师奖学金和教师培训项目等形式。教师论坛的主办方并非荷兰语语言联盟，而是从事一线荷兰教学的机构或由这些机构组成的学术共同体。计划举办教师论坛的学校或组织可以向荷兰语语言联盟提出申请，陈述其在交流教学经验、分享教学资源以及建立学术网络等方面的计划与经费预算，经批准后组织实施。教师培训项目则包括教师暑期课程（zomercursus voor docenten NVT）、对外荷兰语教学法课程（nascholing didactiek NVT）及对外荷兰语教师模块课程（nascholingsmodules voor docenten NVT）等。其中，教师暑期课程和对外荷兰语教学法课程均为每年定期举办，前者侧重提升对外荷兰语教师的整体能力，后者则主要关注教学法的培训。对外荷兰语教师模块课程每年都会更新内容。以2021年为例，受新冠肺炎疫情影响，对外荷兰语教师模块课程均采取在线授课形式，共设两个模块、八个主题。[1]其中，基础模块包括：（1）对外荷兰语教学对象的类型；（2）语言学习者的需求：目标、能力分项和角色；（3）增强语言能力训练：有效力的语言教学。进阶模块包括：（1）分化教学；（2）教学评估；（3）在线教学；（4）口语能力；（5）写作能力反馈。

表4.4　荷兰语语言联盟基础资助额度标准[2]

教师数量	学生规模	每年资助金额
至少1位	/	1500欧元
多位教师，且总工作时长相当于1.5位全职教师的工作时长	/	2500欧元
多位教师，且总工作时长相当于3.5位全职教师的工作时长	/	3500欧元
至少8位教师，且至少包括1位副教授及以上职称的教师，学位授予获该国国家机构认可	至少150名	5000欧元

荷兰语语言联盟还定期举办暑期学校，向荷兰语区外高等教育机构的荷兰语学习者开放报名，经过筛选，符合要求的学习者可享受一定的费用减免。暑期学校一般轮流在荷兰和比利时法兰德斯大区举办（近两年受新冠肺炎疫情影响改为在线进行）。暑期学校不仅为学生提供了常规课程之

---

[1] 荷兰语语言联盟官网，2021年对外荷兰语教师模块课程，https://taalunie.org/informatie/105/docentencursussen（2021年12月25日读取）。

[2] 荷兰语语言联盟官网，基础资助额度标准，https://taalunie.org/informatie/44/criteria-en-bedragen（2021年12月25日读取）。

外的补充学习机会，还以提供文化体验为特点，让学生有机会了解荷兰的社会、历史、艺术和风土人情。除此之外，以荷兰语为母语的荷兰、比利时学生在荷兰语区外的大学学习期间，荷兰语语言联盟提供资金来帮助他们在该地区的荷兰语专业进行荷兰语教学实习，同时，亦提供资金来邀请有影响力的专家在荷兰语区外的荷兰语专业进行荷兰语语言及文化相关讲座，因实践规模和影响力均相对有限，在此不再过多介绍。

除资金与资源支持外，荷兰语语言联盟还主持开发了非荷兰语母语者语言水平证书体系，进一步扩大了荷兰语的国际影响力（CNaVT 2017）。该证书体系与《欧框》接轨，分为A2、B1、B2、C1四个级别以及社会用途、专业用途、教育用途三个类别（见图4.2）。INFO证书（Maatschappelijk Informeel，非正式社会用途证书）适用于希望在日常交往等非正式场景中使用荷兰语的学习者，相当于《欧框》A2级别。FORM证书（Maatschappelijk Formeel，正式社会用途证书）适用于希望使用荷兰语进行正式社交对话的学习者，相当于《欧框》B1级别。PROF证书（Zakelijk Professioneel，商务专业用途证书）和STRT证书（Educatief Startbekwaam，教育入门等级证书）都相当于《欧框》B2级别，但侧重点不同。PROF证书更适合希望在日常工作中使用荷兰语的学习者，而STRT证书适用于在荷兰或比利时法兰德斯大区接受高等教育（包括大学和应用科技大学）的学习者。EDUP证书（Educatief Professioneel，教育专业等级证书）代表该证书体系的最高水平，标志着学习者能够在学术环境和企业环境中自由使用荷兰语。

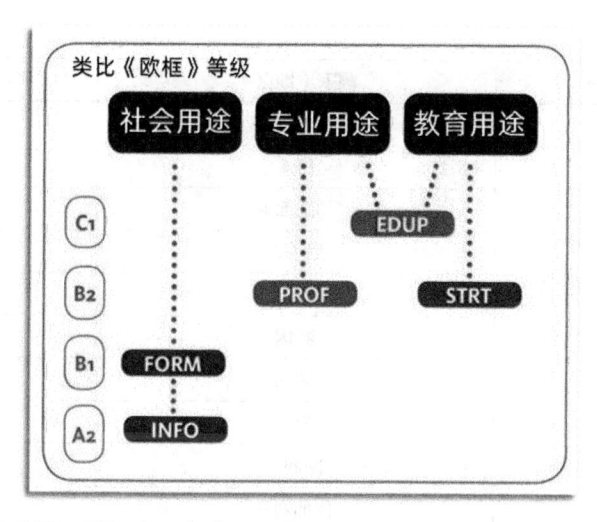

图 4.2　非荷兰语母语者语言水平证书体系与《欧框》的对应关系（翻译）[1]

非荷兰语母语者语言水平证书体系由比利时天主教鲁汶大学和荷兰拉德堡德大学受荷兰语语言联盟委托共同开发。证书考试一般在每年 3 月上旬进行，包括阅读、写作和听说三个部分。目前，该考试已覆盖 62 个国家和地区，共有 236 个考点（见表 4.5），覆盖面广，影响力强。

表 4.5　非荷兰语母语者语言水平证书考试全球考点分布

（参照网页分类整理而成）[2]

区域	国家（地区）	考点数量
亚洲及大洋洲	澳大利亚	2
	中国	4
	菲律宾	1
	印度	3

（续下表）

1　非荷兰语母语者语言水平证书体系官网，非荷兰语母语者语言水平证书体系与《欧框》的对应关系，https://www.cnavt.org/het-examen-nederlands（2021 年 12 月 25 日读取）。

2　非荷兰语母语者语言水平证书体系官网，非荷兰语母语者语言水平证书考点分布，https://cnavt.org/examencentra/continent/afrikamidden-oosten；https://cnavt.org/examencentra/continent/azieoceanie；https://cnavt.org/examencentra/continent/europa；https://cnavt.org/examencentra/continent/noord--en-zuid-amerika（2021 年 12 月 25 日读取）。

(接上表)

区域	国家（地区）	考点数量
亚洲及大洋洲	印度尼西亚	3
	日本	1
	马来西亚	1
	尼泊尔	1
	新加坡	1
	泰国	1
	越南	2
	韩国	1
欧洲	比利时	26
	保加利亚	4
	德国	47
	芬兰	1
	法国	8
	希腊	10
	匈牙利	3
	爱尔兰（共和国）	1
	意大利	4
	克罗地亚	2
	荷兰	12
	乌克兰	1
	奥地利	2
	波兰	9
	葡萄牙	2
	罗马尼亚	2
	俄罗斯	2
	塞尔维亚	1
	斯洛文尼亚	1
	斯洛伐克	1
	西班牙	6

(续下表)

（接上表）

区域	国家（地区）	考点数量
欧洲	捷克	3
	土耳其	3
	英国	6
	白俄罗斯	1
	瑞典	1
	瑞士	6
北美洲及南美洲	阿根廷	2
	阿鲁巴	5
	玻利维亚	1
	巴西	3
	加拿大	1
	哥斯达黎加	1
	库拉索	2
	墨西哥	1
	（前）荷属安的列斯群岛	2
	巴拿马	1
	秘鲁	1
	美国	11
非洲及中东地区	埃及	1
	埃塞俄比亚	1
	加纳	1
	以色列	1
	乌干达	1
	阿曼	1
	卡塔尔	1
	坦桑尼亚	2
	阿拉伯联合酋长国	1
	赞比亚	1
	南非	8

国际荷兰语教育及非荷兰语母语者语言水平证书体系的覆盖面和影响力建立在荷兰语语言联盟对资金和资源的合理使用上。荷兰语言联盟面向不同群体分配自有资金及资源的举措在前文已有说明，此处专门分析荷兰语语言联盟与外部机构和组织合作的类型及特点。荷兰语语言联盟与外部机构和组织的合作可以分为三种类型。第一种类型是与高等教育机构的合作。例如，与比利时天主教鲁汶大学和荷兰阿姆斯特丹大学共同开发的对外荷兰语教师模块课程，以及由比利时天主教鲁汶大学语言和教育研究中心（Centrum voor Taal en Onderwijs）与荷兰拉德堡德大学合作开发的非荷兰语母语者语言水平证书体系。从以上项目不难看出，荷兰语语言联盟作为荷兰、比利时两国政府共同出资的国际组织，非常注重两国资源的平衡利用。这种平衡同时保证了作为合作成果的各项产出能够应用于荷兰语区的各个地区。第二种类型是在不同区域开展不同规模的合作。表4.5展示了非荷兰语母语者语言水平证书考试的考点分布情况，也是荷兰语语言联盟在不同区域开展不同规模合作的缩影。在欧洲，荷兰、比利时、德国、法国、英国的考点数量较多，这与荷兰语语言联盟为相邻国家的学校与组织提供荷兰语相关项目和活动专项资金是分不开的。2017年，荷兰语语言联盟与德国和法国的相关机构签订了《作为邻境语言的荷兰语：国际合作议定书》，商定在荷兰语教育、师资培养、就业市场和跨境合作等方面展开深入合作。同为欧洲国家，荷兰语在波兰和希腊的影响力与荷兰的波兰籍和希腊籍劳动者人数相关。印度尼西亚曾是荷兰的殖民地，而美国和南非也曾经有荷兰的殖民地，这些历史上的交流使得荷兰语在当地拥有持续的影响力。针对不同国家荷兰语教育的需求和特点进行资源分配，也是国际荷兰语教育科学性的体现。第三种类型是与其他同质组织的合作。荷兰语语言联盟除了在2017年与德国和法国相关机构合作，还与荷兰对外荷兰语教育基金会（Stichting Nederlands Onderwijs in het Buitenland）、美国荷兰研究协会（American Association for Netherlandic Studies）、大不列颠和爱尔兰低地研究协会（Association for Low Countries Studies in the UK & Ireland）、南非荷兰研究联合会（Suider-Afrikaanse

Vereniging vir Neerlandistiek）等十余家机构合作，建立教师平台，组织各类活动。

　　荷兰语语言联盟为国际荷兰语教育提供的资金与资源支持分配合理，使得国际荷兰语教育的覆盖面广、科学性强。荷兰语语言联盟针对对外荷兰语教育涉及的各类人群均有专门的资助或补贴项目，覆盖了以荷兰语为母语的教师、（未来）专业教师、学生、专业人士等群体。此外，各类补贴形式能满足不同地区的特点和需求，有助于推动荷兰语区外的荷兰语专业发展，提升荷兰语教育的影响力。荷兰语区外高等教育机构的荷兰语专业在设立之初即可申请最低等级的基础资助，用来充实专业教学资料；同时，若能利用荷兰语语言联盟为以荷兰语为母语的教师和专业教师提供资助，则可进一步提升师资力量。在荷兰语区外高等教育机构荷兰语专业就读的学生可以通过暑期学校丰富自己的荷兰语语言知识和文化见识，提前了解荷兰语等级考试、未来如何继续攻读相关专业等信息。在荷兰语区外高等教育机构荷兰语专业具备一定实力后，又可以申请更高等级的基础资助，通过如此良性循环来提升教育质量。这对于高等教育机构及其荷兰语专业的益处自不必言。荷兰语区外荷兰语教学点实力的提升对于荷兰语教育的推广和影响力提升也有极大益处。这是国际荷兰语教育政策整体科学性强的体现。

4.2.2　国际荷兰语研究

　　国际荷兰语研究对荷兰国家通用语国际拓展的贡献包括两个方面，一是对国际荷兰语教育相关政策及落实效果的研究，二是以荷兰语语言和文化为主题的研究。

4.2.2.1　以科学研究指导拓展实践

　　荷兰语语言联盟是荷兰中央政府主要的荷兰语国际拓展执行机构，也是对荷兰语国际拓展情况开展调查研究的机构。荷兰语语言联盟开展的荷兰语国际拓展政策和效果研究的主题覆盖面广、科学性强、影响力大。受篇幅所限，仅就几项具有代表性的研究成果进行说明。

2018年，德国弗赖堡大学（Universität Freiburg）对外荷兰语教师安娜丽斯·德·荣格（Annelies de Jonghe）受荷兰语语言联盟委托开展了一项研究，研究对象是德国、匈牙利、波兰、葡萄牙、俄罗斯和瑞典六个欧洲国家在对外推广本国语言和文化方面的举措，研究报告于2019年发布。该研究的科学性主要体现在两个方面。第一，这次调查是在荷兰语语言联盟2010年版委托调查基础上进行的重复性调查（De Jonghe 2019）。通过比较两次共时研究结果，可以获得历时参考信息。第二，该研究由不直接隶属荷兰语语言联盟且从事对外荷兰语教育的一线教师完成，保证了研究的专业性和客观性。该研究通过荷兰语语言联盟向六个国际兄弟机构发送官方参与邀请，采用问卷调查和深度访谈获取数据，并与2010年版调查进行对比。研究结果显示，首先，如果以总投入除以居民总数为标准，荷兰语语言联盟在国际荷兰语和文化推广政策方面的投入要远低于德国、匈牙利、葡萄牙和瑞典。其次，荷兰语语言联盟拓展实践的广度还有待提升。德国在进行德语推广实践时，不仅重视语言和文化的推介，还在全球范围内以提升德国形象为目的进行宣传活动。最后，荷兰语语言联盟主要通过提升国际荷兰语教育质量来进行国家通用语国际拓展，但在规模上不及其他几个研究对象国家。当然，该研究也指出荷兰语语言联盟政策的优势，即重视区域合作，这在非荷兰语母语者语言水平证书体系的影响力上已有体现。值得一提的是，该证书体系的总体投入比国际荷兰语研究投入要少得多，平均每位荷兰语区居民仅0.017欧元（见表4.6），却获得了极大的影响力，可谓是低投入高产出。总体而言，该研究认为荷兰语语言联盟在荷兰语国际拓展方面的投入受到近年来财政紧缩政策的影响，要远低于六个研究对象国家，而此时正是在欧洲以外国家（如中国和印度）加大投资力度的好时机（De Jonghe 2019）。

表4.6　荷兰语语言联盟荷兰语国际拓展投资情况（翻译）(De Jonghe 2019：48)[1]

领域	预算	荷兰语区居民 （以 2400 万计）	每名学生平均
国际荷兰语研究	€1,103,567	€0.046= 平均每位居民 4.6 欧分	81.75 欧元 （以荷兰 13,500 名学生计）
邻近国家	€313,927	€0.013= 平均每位居民 1.3 欧分	0.78 欧元 （以 40 万学生计）
CNaVT 证书体系	€406,000	€0.017= 平均每位居民 1.7 欧分	无可用数据

除了对整体拓展政策进行研究，荷兰语语言联盟还开展了荷兰语及荷兰语研究在各个对象国拓展情况的专门研究。2019 年，该系列研究关注荷兰语在意大利和波兰的推广情况，采用相同的研究方法，分别对两国的用人单位、荷兰语专业学生、荷兰语专业毕业生和对外荷兰语教师开展问卷调查，以获知其对荷兰语在该国地位的认识，并邀请受访者评估自身的荷兰语语言和文化知识在社会生活中的价值。研究结果显示，荷兰语在意大利和波兰均有较大的影响力。由于荷兰是意大利在欧洲的重要贸易伙伴，因此荷兰语在意大利商业、旅游业、艺术和文化产业中都有广泛应用。与意大利相比，荷兰语在波兰的影响力更大。除上述领域外，荷兰语在波兰教育、科学和文学界亦有影响力，在波兰接受荷兰语语言和文学教育的学生数量居于世界前列（Van der Horst 2019a，2019b）。该研究为证明荷兰语在欧洲的影响力提供了有力证据。

2020 年，荷兰语语言联盟还对荷兰语区周边国家对外荷兰语学习者的学习体验进行了研究。来自法国北部、比利时瓦隆大区（法语区）、比利时布鲁塞尔（双语区）等地区约 3000 名学生接受了个人访谈。研究者通过分析这些学生对荷兰语语言和文化的认识与态度，发现他们对荷兰语的整体印象是积极的，并认为荷兰语课程比较有趣，但均希望获得更多训练听力和口语技能的机会，且学生普遍对荷兰语文化（荷兰和比利时法兰德斯大区文化）知之甚少（Halink 2020）。

---

[1] 原引用文献中，国际荷兰语研究领域荷兰语区"每位居民"平均值为 4.5 欧分，"每名学生"平均值为 81.74 欧元；邻近国家领域"每名学生"平均值为 0.78 欧分，此处引用表格已对数据进行修正。

以上研究虽然仅为荷兰语语言联盟对荷兰语国际拓展开展研究的缩影，但也可以体现出研究计划覆盖面广、科学性强的特点。至于其影响力，则需要持续关注在这些研究中暴露出的问题能否得到及时解决。

4.2.2.2 荷兰语语言和文化研究

荷兰语语言联盟对荷兰语语言和文化本体研究的推动作用主要表现为组建研究平台或研究共同体、提供资金支持和维护研究成果资源库。

荷兰语语言联盟在合理调配资金和资源推动国际荷兰语教育发展的同时，也重视将有相同研究兴趣或处于相同地理区域的研究者集合起来，形成研究平台或研究共同体。研发了非荷兰语母语者语言水平证书体系的 CNaVT 团队（CNaVT.org）就很有代表性。在证书体系投入使用后，该团队对这一体系的运行效果和使用经验进行持续性研究，并发表了十余篇论文或研究报告。2017 年，该团队还翻译出版了《应用〈欧框〉进行语言测试研发指南》（*Handleiding voor de ontwikkeling van taaltoetsen: te gebruiken met het ERK*）。国际荷兰语研究者联合会也是非常具有代表性的研究组织，该组织并非由荷兰语语言联盟创建，但部分运营资金由荷兰语语言联盟提供。国际荷兰语研究者联合会成立于 1970 年，自成立之初就以将世界范围内的荷兰语语言和文化研究者结合在一起为使命，主要成果发布渠道包括学术期刊《国际荷兰语研究》（*Internationale Neerlandistiek*）、学报《专业语言》（*Vaktaal*）、系列专著《低地研究》（*Lage Landen Studies*）以及每三年举办一届的研究盛会"荷兰研究学术讨论会"。荷兰语语言联盟不仅重视研究平台或研究共同体的组建，还致力于与不同国家和地区的既有团体建立合作，共同推动国际荷兰语研究的发展。上文提到的美国荷兰研究协会、大不列颠和爱尔兰低地研究协会、南非荷兰研究联合会等教师发展平台都是以发展国际荷兰语教育和国际荷兰语研究为主要任务的团体，且都与荷兰语语言联盟有着紧密的合作关系。

荷兰语语言联盟还通过向不同群体提供研究经费或相关信息推动国际荷兰语研究。荷兰语区外高等教育机构的研究者可以直接向荷兰语语言联盟提出经费申请，经费可用于支付在荷兰语区进行研究期间的居留费用、往返旅费以及获取或购买研究资料的费用。单一组织的力量毕竟有其局限性。为了扩展国际荷兰语研究的覆盖面，荷兰语语言联盟选择与其他机构合作提供资金。以博士生学术研究会（Colloquium voor doctorandi en habilitandi）为例。这是专门为攻读荷兰语语言和文化博士学位的青年研究者提供展示研究成果、交流研究经验并获得专家指导平台的项目。荷兰语语言联盟是该项目的资助方之一。对外荷兰语教师平台或荷兰语研究团体可以申请举办博士生学术研究会，获批后由该平台或团体、荷兰语语言联盟和欧盟委员会Erasmus+项目共同筹措资金。荷兰语语言联盟拓宽国际荷兰语研究覆盖面的另一个举措是汇总并发布该领域的资助项目信息。目前，荷兰语语言联盟通过自主平台公布了十余种不同层次、不同来源的经费项目信息，覆盖学历教育、教师流动、合作研究、出版资助等多种类型。[1]

研究平台的搭建和充足的研究经费都有利于高水平国际荷兰语语言和文化研究成果的产出。这些研究的初衷都是提升荷兰语语言和文化在世界范围内的影响力，因此将合适的成果转化为可应用的数据库或在线平台也至关重要。荷兰语语言联盟通过两大资源共享体系实现了这一目标。第一个资源共享体系是在荷兰语语言联盟网站公开发布的荷兰语语言和文化教学在线资源列表。[2] 该列表汇集了数十个数字资源入口，涉及国际荷兰语教育的各个方面，包括教学法、语言练习、在线慕课、数据资料库、论坛入口等。该列表的突出特点是大部分资源并非由荷兰语语言联盟出资开发，既有荷兰语单语资源，也有以英语或德语等其他欧洲语言为媒介的荷兰语教学或研究资源，体现了荷兰语语言联盟作为荷兰语国际拓展资源协调者的重要性。第二个资源共享体系是MN平台（mijnNederlands，直译为"我的荷兰语"）。该平台的特点是对所有荷兰语非母语学习者、荷兰语

---

1 MN平台网站，经费项目信息，https://mijnnederlands.taalunie.org/financiering/（2022年11月2日读取）。
2 荷兰语语言联盟官网，荷兰语语言和文化教学在线资源列表，https://taalunie.org/informatie/138/links-voor-het-nvt（2021年12月26日读取）。

教学者和研究者、以荷兰语为母语的使用者开放。用户可以在平台上找到所有从事荷兰语教学和研究的机构、与有同样研究兴趣或资料需求的同仁建立联系、在论坛中交流教学和研究经验。可以说，MN平台对扩大荷兰语相关研究在相关人群中的传播力度和影响力起到了关键作用。

4.3 荷兰国家对外话语的表述

荷兰国家对外话语表述有两个主要渠道。一是通过国家整体布局以及与荷兰语区其他国家的合作，推动荷兰语图书文字的翻译、出版和传播，从而推广荷兰文化、塑造荷兰国家形象。二是通过国家政治话语的翻译与传播表明荷兰国家立场，提升荷兰国际地位。

4.3.1 图书文字的翻译出版

荷兰中央政府在国家语言能力建设过程中，非常注重与荷兰语区其他国家政府的合作，在荷兰语语言文字的翻译和出版事务方面也不例外。但是，与此前分析的主题不同的是，由于文字作品的传播具有推广本国文化、塑造国家形象的作用，因此荷兰中央政府对图书文字的翻译和出版工作采取双线并行的布局，既由本国专门机构推进，又通过与他国合作提升影响力和覆盖面。

4.3.1.1 荷兰文学基金会自主推动

荷兰文学基金会是荷兰中央政府直接资助的文化基金会，全国具有同等地位的基金会仅有六家。该基金会是荷兰图书文字外译的主导机构，以荷兰和弗里斯文学的国际推广为职责，共有三个主要业务领域：为各利益相关方提供信息以推广荷兰文学，在国际场合推介荷兰文学以提升其影响力，培育和支持翻译人才和翻译项目以推动文学作品外译。

荷兰文学基金会网站[1]本身就是荷兰文学作品信息的发布平台。荷兰文

---

1 网址：https://www.letterenfonds.nl/nl/。

学基金会在其他两个业务领域的工作可以提升基金会本身的影响力,吸引国外出版商、译者、媒体、文学评论人和国际文学活动组织者等关注基金会网站,随时获取最新、最全面的荷兰文学资讯,从而再次吸引更多利益相关方与基金会合作,循环推动其他两个业务领域工作的展开。以2020年为例,尽管全球的图书博览会均因新冠肺炎疫情影响,受到极大限制,荷兰文学基金会还是尽其所能通过在线参与或与荷兰驻当地使领馆合作的形式完成了图书推介工作。2022年11月开幕的上海国际童书展是当年少数得以线下举行的图书展览会。荷兰文学基金会与荷兰驻上海领事馆合作,完成了23部作品的推介工作。新冠肺炎疫情除了影响大型图书展览活动的举办,还给文学专家和作家的海外访问造成巨大困难。对此,荷兰文学基金会推出了两项举措。其一是充分利用在线资源和平台,邀请荷兰知名作家在线参与全球各地图书博览会的展示和访谈环节。2020年,这一举措被应用在29个国际书展中,涉及150多场在线讲座或访谈活动(Nederlands Letterenfonds 2021)。其二是通过国际文学使者(internationale intendanten)体系,由荷兰文学基金会在该区域的"代言人"参与大型文化活动或宣传活动,推广荷兰文学作品。2020年,"代言人"主要在拉丁美洲、北美洲、中东地区、土耳其和俄罗斯等地区和国家开展了多项推介工作。文学作品的海外翻译和出版不仅需要及时有效的信息沟通,还依靠经费支持。2020年,荷兰文学基金会的文学作品翻译和出版补贴总额达到了160多万欧元,共有434个项目通过了审批,比2019年高出44.5%,同时也超过了2016年荷兰和比利时法兰德斯大区共同担任法兰克福书展主宾国带来的数据涨幅(Nederlands Letterenfonds 2021),这表明荷兰文学基金会在文学作品推介方面作出的努力是科学有效的。2020年,共有559部荷兰语文学作品被翻译成44种语言,其中英语、德语、法语、意大利语和西班牙语译作数量居于前列(Nederlands Letterenfonds 2020)。对2400万左右荷兰语母语者、位列欧盟第八位的体量而言,荷兰语文学在欧洲的影响力不容小觑。

  国家语言战略能力具有前瞻性特点,要求国家政府时刻关注社会和科技发展给语言带来的机遇和挑战。基于此,《荷兰文学基金会2021—2024

政策规划》特别指出，文学已经发展出许多图书外的新形式，如数字文学、文学播客、文学现场表演（spoken word and performance）等。针对这种新变化，荷兰文学基金会计划在未来四年中，向新型文学领域投入资金和力量，向世界展现全面生动的荷兰文学图景。这一点与荷兰中央政府时刻关注数字化发展对语言的影响并提前部署是一脉相承的。

4.3.1.2 与荷兰语语言联盟合作

荷兰语语言联盟将荷兰语语言与文化国际推广视为其五项使命之一，其中的重要组成部分就是荷兰语文学作品的翻译和出版工作。与荷兰文学基金会不同，荷兰语语言联盟主要在翻译人才培养和提供翻译所需工具两方面开展工作。

荷兰语语言联盟对翻译人才的培养主要依靠文学翻译专业知识中心（Expertisecentrum Literair Vertalen）。文学翻译专业知识中心是由荷兰语语言联盟、荷兰乌得勒支大学、比利时天主教鲁汶大学共同设立的专业机构，与荷兰文学基金会和法兰德斯文学基金会（Literatuur Vlaanderen，曾用名为 Vlaams Fonds voor de Letteren）有着紧密的合作关系。文学翻译专业知识中心的使命是培养翻译人才并为其提供交流翻译专业知识和经验的平台。[1] 此处的人才培养并非基于传统的学历教育，而是通过译者发展计划（ontwikkelingstrajecten）和导师计划（mentoraatsprogramma）两个项目为荷兰语文学作品培养优秀的翻译人才。两个项目都面向起步阶段的翻译者，但译者发展计划更注重培养翻译者筛选作品、寻找出版机会的能力，而导师计划通过为翻译者指定一位经验丰富的翻译导师来培养其文学翻译能力，助力专业文学翻译者成长。

在荷兰，词典出版是商业行为，因此具有以市场需求为导向的特点。但是，商业词典并不能满足荷兰语与所有语言的互译需求，甚至未覆盖许多欧洲语种。荷兰语语言联盟与荷兰语言研究院合作，依托数据库资源和

---

[1] 文学翻译专业知识中心官网，https://literairvertalen.org/over-ons（2021年12月26日读取）。

国际交流项目进行双语词典建设。目前已建成荷兰语—爱沙尼亚语、荷兰语—芬兰语、荷兰语—（现代）希腊语以及荷兰语—葡萄牙语双语在线词典，供翻译者和语言学习者免费使用。荷兰语语言联盟与荷兰语言研究院联合开发的双语在线词典尽管覆盖面有限，但具有非常重要的意义。首先，这些双语词典弥补了商业词典编纂的空白，对相应语种的翻译者来说，是极其难得的翻译工具。其次，这类双语词典的编纂工作依托荷兰语言研究院庞大的语言资源库和强大的语言处理技术，具有较高的科学性和可靠性。最后，这些双语词典免费向使用者开放，等同于荷兰语语言联盟为翻译者提供的额外帮助，能够进一步推动荷兰文学外译工作，提升荷兰文学的国际影响力。

需要说明的是，上文提到的法兰德斯文学基金会也是荷兰文学基金会和荷兰语语言联盟在荷兰语图书翻译出版领域的紧密合作伙伴，但因其是比利时国家语言战略能力建设机构，此处不再赘述。

4.3.2　政府话语的翻译传播

2018年4月，荷兰首相马克·吕特（Mark Rutte）访问中国并出席博鳌亚洲论坛2018年年会。马克·吕特首相使用英语在年会上致辞。2021年11月，荷兰看守内阁首相马克·吕特出席格拉斯哥联合国气候变化大会并发表英语演讲。2021年11月，荷兰国王威廉-亚历山大（Koning Willem-Alexander）和王后马克西玛（Koningin Máxima）赴挪威进行国事访问，国王使用英语在午宴发言。从上述事例可以看出，荷兰中央政府话语的对外表述方式非常特殊，这与荷兰的行政法律规定是分不开的。荷兰《通行行政权法》规定，若使用另一种语言有助于当前目标的达成且不损害第三方利益，则视为前述规定（使用荷兰语）的例外情况。由于法律赋予政府公职人员必要时使用外语的权利，因此荷兰国王或政府官员在出访或接待外宾时通常直接使用英语。这种做法的优势显而易见。首先，使用英语可以较大程度降低翻译工作的难度。荷兰语并非在全球有极强影响力的通用语种，而英语是全球通用语。其次，直接使用英语可以提升政治话语的表达准确度，避免因翻译引起的不必要麻烦，这是出于实用主义的考量。最后，在外交场合使用英语也是荷兰国家外语教育政策成果的体现。但是，此种做法无形中也对提升荷兰语的国际影响力造成一定阻碍。政府官员在对外交往中无须使用荷兰语，使得荷兰企业普遍存在宽松的荷兰语使用环境，海外的荷兰跨国企业更是倾向于使用英语作为工作语言。

尽管如此，荷兰中央政府仍然具备政治话语外译能力，只是并不完全依靠自身力量，而是在欧盟框架内发展这一能力。欧盟共有24种官方语言。为了保证每一位成员国公民都能知晓欧盟法规内容、让每一位欧盟会议参与者都能不受语言限制地发表自己的意见，欧盟在笔译和口译服务方面投入了相当多的力量。欧盟人事管理局（European Personnel Selection Office）是统管欧盟专职和兼职口译员和笔译员筛选工作的机构。筛选出的口译员一般在欧洲议会、欧盟委员会和欧洲联盟法院（European Court of Justice）下属的口译部门工作。由于欧盟是超国家组织，尤其要求笔译员具备优秀的源语言（母语）理解能力和跨文化交际所需的各项能力，加之欧盟各类文件数量庞大，翻译需求和要求极高，因此在人才筛选上也更加严格。以欧盟委员会翻译总司（Directorate-General for Translation）为例，2020年，该部门共完成230多万页文件的翻译和3万多页文件的编辑工作（Directorate-General for Translation 2021）。如此严苛的条件和高强度的工作也使得欧盟的口笔译人员成为各个领域最优秀的译员群体之一。因此，为欧盟各口笔译服务部门工作的荷兰籍口笔译人才实际上也是荷兰国家语言人才的重要组成部分。

4.4　荷兰国家语言人才资源掌控

荷兰中央政府在国家语言战略能力建设过程中，主要通过荷兰口笔译人才数据和国际荷兰语教育人才数据实现对国家语言人才资源的掌控。

4.4.1 荷兰翻译人才数据掌控

荷兰并没有专门用途的国家外语人才数据库。除了上文提到的欧盟口笔译服务机构，荷兰中央政府对外语人才数据的掌控主要通过荷兰法庭认证口译员及笔译员管理局（Bureau Wet beëdigde tolken en vertalers，下文简称"译员管理局"）。该机构隶属荷兰司法援助委员会（Raad voor Rechtsbijstand），由荷兰司法和安全部部长授权负责荷兰《法庭认证口译员和笔译员法》的一部分执行工作。[1]《法庭认证口译员和笔译员法》规定，在《法庭认证口译员和笔译员登记簿》（下文简称"《登记簿》"）完成注册和宣誓的口译员和笔译员将被视为能够承担司法相关翻译任务的译员。译员除了登记必要的个人信息，还需提供源语和目的语的语言水平证明、对两种语言和文化的掌握程度证明及口笔译能力证明等。此外，申请注册的译员一般需要满足已在荷兰居住满五年的要求。

《登记簿》建立的时间并不长，但对于荷兰国家外语人才资源的掌控有很大贡献。《登记簿》主要依靠吸引力而非强制性吸引外语人才申请注册。所有通过译员管理局审核并完成注册和宣誓的译员均可获得登记证明，有效期为五年并可申请延期。登记证明表明译员的语言能力、文化知识和翻译水平符合荷兰中央政府的要求。译员管理局作为《登记簿》的管理者，同时承担着译员教育和译员监督两项任务。所有初次提交注册申请和延期申请的译员都需要接受名为"持久性教育"（permanente educatie，也被称为"PE 课程"）的翻译培训。所有提供 PE 课程的培训机构也需要经过译员管理局的审核，以保证其培训水平和专业特点符合法律要求。译员在成功注册《登记簿》后，仍然要接受译员管理局的监督。译员监督指接收和处理与译员相关的投诉。对于违反法律或译员职业道德规范的译员，译员管理局可以向荷兰司法和安全部部长建议对其作出暂时除名或永久除名处理。这是《登记簿》体系的科学性所在。

---

1 荷兰司法援助委员会官网，荷兰译员管理局机构介绍，https://www.bureauwbtv.nl/over-ons/bureau-wbtv/（2022 年 4 月 28 日读取）。

严格的教育、审核、延期和监督制度也提升了《登记簿》的影响力。对于司法领域之外有语言翻译需求的用户来说，《登记簿》是公开名单，他们可以通过译员管理局网站检索译员信息。[1] 对于译员来说，进入《登记簿》不仅意味着有机会为司法程序提供服务，还能拓展翻译任务来源。

《登记簿》还具有语言覆盖面广的特点。仅汉语一项，《登记簿》就提供普通话（Mandarijn）、广东话（Kantonees）、客家话（Hakka）、闽南语（Min Nan）、闽东话（Min Dong）和吴方言（Wu）六项服务。目前，暂时还没有译员完成荷兰语与闽南语、闽东话和吴方言互译的《登记簿》注册。根据《登记簿》的公开信息，目前共有44位译员能够提供《欧框》C1级别的荷兰语—汉语口译服务，3位译员能够提供《欧框》B2级别的荷兰语—汉语口译服务。[2]

4.4.2　国际荷兰语人才数据掌控

国际荷兰语人才数据的获取和更新主要依托荷兰语语言联盟实现。国际荷兰语教育研究资源动态数据库（Neerlandistiek Wereldwijd）是对全球范围内国际荷兰语教育和研究人才数据进行管理的数据库。该数据库由隶属荷兰语语言联盟的荷兰语世界（Taalunieversum）负责维护。使用者可以以国别（地区）、教育或研究机构名称、教育类型、研究项目或人名为关键词对所有数据进行检索；或按照类别浏览相关人才信息和资源。

国际荷兰语教育研究资源动态数据库并非专门的人才数据库，但对荷兰国家语言人才资源掌控有非常重要的意义。因为与《登记簿》相比，该数据库囊括的人才类型更广泛。首先，该数据库既包括在荷兰居住和生活的荷兰语母语者和非母语者，这与《登记簿》有部分重合；又包括在荷兰语区外从事教学和研究工作的荷兰语母语者和非母语者，这是《登记簿》

---

[1] 依法行使职责的公职人员能够查阅译员的全部信息，即《登记簿》。没有内网登录权限的用户可以按照语言需求对译员信息进行检索，所得结果为包括译员姓氏、名字首字母缩写、语言水平、所在地和联系方式在内的部分信息，该检索列表也被称为"公开名单"（Uitwijklijst）。

[2] 荷兰司法援助委员会官网，荷兰法庭口译员和笔译员登记簿，https://www.bureauwbtv.nl/opdrachtgevers-intermediairs/register-beedigde-tolken-vertalers/（2022年4月28日读取）。

不具备的资源。其次，该数据库不局限于翻译人才，而是包括所有以荷兰语为教学或研究对象的人才。部分人才可能是不通晓当地语言，但能够使用英语或其他中介语完成荷兰语教学任务的荷兰语母语者；也可能是使用其他语言发表荷兰语研究成果的荷兰语非母语者。这部分人才资源是《登记簿》受其特点所限无法收录的。对于荷兰国家语言战略能力建设而言，在世界范围内提升荷兰语语言和文化影响力并塑造荷兰国家形象的人才，与能够理解荷兰文化和他国文化并进一步发扬荷兰开放传统的人才同等重要。因此，国际荷兰语教育研究资源动态数据库是对荷兰国家语言人才资源掌控的有效补充。

4.5　荷兰国家语言战略能力建设小结

荷兰国家语言战略能力建设总体呈现出以科学性和覆盖面带动影响力的特点。

第一，荷兰国家语言战略能力建设秉承荷兰国家语言治理能力和核心能力建设的总体发展思路，通过汇集荷兰语区的力量进行荷兰语语言和文化推广。无论是国际荷兰语教育、国际荷兰语研究，还是荷兰语图书的翻译和出版，都是在荷兰语语言联盟的主导下统筹资源来完成的。全球有 2400 万左右荷兰语母语者，虽然体量不太大，在欧盟也仅排在第八位，但汇集荷兰语区政府的力量，能够保证有限的资源得到最优的分配，最终取得最好的效果。非荷兰语母语者语言水平证书体系的覆盖面和影响力也证明了这是正确的选择。

第二，荷兰国家外语教育政策制定的出发点也体现了科学性。发展外语教育的目的是促进多元社会和谐发展、服务国际贸易。因此，荷兰的外语教育政策以使用和表达为第一目标，在外语语种的选择上综合考虑本国社会构成特点、历史传统和国家实际需求。外语在其使用者能够从中获益时才成为一种优势。关注个体从政策中获得的益处是荷兰国家外语教育政策取得丰硕成果的原因之一。

第三，无论是国际荷兰语教育资源、文学作品出版信息，还是国家语言人才数据，都有专门的动态数据库进行存储并由专门机构负责维护。及时更新数据在保证数据可靠性的同时，也能吸引更多利益相关方利用这些数据开展各种与荷兰语语言和文化推广相关的工作。此外，上述数据库的设计初衷不仅是存储相关信息，更要为注册用户提供服务。例如，《登记簿》通过公开数据入口为法庭认证口译员和笔译员提供司法翻译以外的翻译任务来源。

第四，荷兰充分发挥欧盟成员国的优势，利用欧盟既有框架和资源助力国家语言能力建设。此处仅以《欧框》为例进行说明。《欧框》是荷兰国家通用语教育、外语教育、国际荷兰语教育和翻译人才考核的共同参考标准。《教育参考框架》将中小学荷兰语教育与《欧框》接轨。《外语教育改革方案》将外语教育与《欧框》接轨。非荷兰语母语者语言水平证书体系的建立以《欧框》为标准。《登记簿》对口译员和笔译员水平的界定标准同样是《欧框》。一方面，在国家内部有统一的、可沟通各个体系的标准可以使语言政策在各个领域的执行得到量化考察；另一方面，《欧框》本身就是欧洲语言的参考标准，与之接轨意味着与其他欧洲语言存在横向比较的可能。随着《欧框》的覆盖面越来越广，欧洲之外的语言考试标准也开始与《欧框》类比，为不同等级的制定提供参考。

第五章
总结和启示

荷兰中央政府根据本国通用语言特点和实际能力以及资源情况，选择国家规划与合作规划并行的国家语言能力建设路径；同时，立足荷兰社会开放多元和国际贸易传统悠久的特点，对治理能力、核心能力和战略能力进行目标统一的布局。此外，重视数字化发展对语言的影响是荷兰国家语言能力建设贯穿始终的理念，有一定的参考意义。

5.1 数字时代与国家语言能力建设

在进行国家语言能力建设规划时考虑数字时代带来的机遇与挑战有两层意义。首先，对于社会中的个体而言，生活在一个数字化程度越来越高的环境中已经是必然趋势。无论是在校生还是已步入社会的成人，都需要培养适应这种趋势的能力。数字化发展与语言息息相关，能够为文学带来新形式，改变媒介性质和形态，也能模糊不同语言的边界。个体仅被动接受社会发展带来的变化，还不足以应对相关挑战。因此，荷兰中央政府选择通过教育帮助个体加速适应新的科技发展给社会环境带来的变化。这种教育不仅包括针对学龄儿童的教育，更延伸到已经走上工作岗位的成年人。荷兰中央政府不仅考虑数字化发展给国家通用语及其应用带来的影响，也使数字化发展贯穿于外语教育中，全面提升个体适应数字化社会环境的能力。其次，提前就数字时代给国家通用语带来的机遇和挑战进行布局对国家而言也有重要意义。荷兰社会高度开放，拥有悠久的国际贸易传统。在数字时代，能否继续把握新机遇、应对新挑战决定了荷兰国家语言能力建设的未来。为此，荷兰投入大量经费和资源推动国家语言信息化和智能化建设，开发实用工具。同时，国家语言信息化和智能化建设的成果也能助力个体适应数字化环境。

5.2 语言教育与国家语言能力建设

荷兰语言教育的特点是注重语言能力培养的同时，关注个人对语言的态度。

在语言能力方面，荷兰国家外语教育注重培养学生的交流能力和交流兴趣。在交流能力培养方面，荷兰从初等教育阶段开始就将交流作为主要学习目的之一，到中等教育阶段开始要求学生能够使用外语对荷兰语言、文化、历史和社会等内容进行展示和介绍。对交流兴趣的培养则得益于荷兰宽松的媒体语言使用政策，学生能较早接触到原版外语影像资料，从中找到学习外语、了解外国文化和社会的乐趣。

我国外语教育同样重视语言能力、文化意识、思维品质和学习能力的培养，并将其视为学科核心素养（文秋芳、杨佳 2021）。但是，在帮助学生发现语言的魅力这一方面，荷兰的做法颇具可借鉴之处。我国学生组成相对单一，较少出现像荷兰一样来自不同文化和语言背景的学生在同一课堂接受教育的情况。由于荷兰社会的文化多元特性，荷兰从初等教育阶段就开始培养学生对外国语言的认知，并让学生明确语言在个人身份认知中扮演的角色。对我国而言，对外国语言和文化的认知可以替换为对少数民族传统和文化的认知，这有利于维护祖国和谐统一。

此外，由于荷兰语与英语、德语等欧洲通用语种具有亲缘关系，荷兰的外语教育进度整体较快。荷兰学生基本能够在初等教育阶段完成基本英语知识和技能的学习，在中等教育阶段开始按照不同教育组织形式的要求学习不同数量的现代外语或欧洲古典语言。这固然是荷兰作为欧盟成员国执行欧盟多语主义政策必须履行的义务，但也可以给我国的外语教育提供一定参考。虽然语言之间的相似性无法复刻，但可以借鉴培养学生语言和文化学习兴趣的政策。学校教育只是学生外语学习的一部分，自主学习和社会学习可以对有限的学校教育资源进行补充。

在语言态度培养方面，荷兰通用语教育提出加强学生对自身语言能力的自信，使学生明确语言能力是参与社会生活的必要能力。在外语教育方面，荷兰强调培养学生的语言自信。对个体而言，语言能力是个人发展必备的能力。对国家而言，整体语言能力的提升是国家持续发展所必需的条件。因此，培养学生正确的语言态度，使其重视语言、愿意学习语言也应该被视为语言教育的关键任务之一。当然，我国一贯重视推广普通话对加强民族团结和国家凝聚力的重要作用，但也应着重强调这种语言能力对个体发展的意义，做到实用性与战略性并重。

同时，我们也可以看到，对于多元开放的荷兰社会，通用语的普及同样是至关重要的国家政策，这也说明我国"推普"政策的前瞻性和正确性。

5.3　跨界合作与国家语言能力建设

荷兰中央政府在多个层次进行跨界合作，推动国家语言能力建设。

第一个层次是跨越全国通用语语言区和区域通用语语言区的边界。荷兰语是荷兰的国家通用语，弗里斯语是弗里斯兰省的区域通用语，因此荷兰中央政府与弗里斯兰省政府合作，共同负责弗里斯兰省的语言事务管理工作。协调两种通用语地位的措施包括：确立荷兰语和弗里斯语在弗里斯兰省的平等地位，将弗里斯语引入弗里斯兰省以外的外语教育体系等。

第二个层次从国家治理的角度出发，整合政府机构和非政府机构的力量，进行国家通用语能力建设。荷兰中央政府在进行语言治理时，不仅将语言视为教育和文化事务，更视其为外交事务和经济事务等，扩展了语言治理的边界。此外，非政府机构可以在获得授权的前提下，通过科学研究为语言规划、语言普及和规范化以及外语教育等建言献策，助力荷兰国家语言治理能力、核心能力和战略能力建设。

第三个层次是跨域国界进行荷兰语区内的合作建设。荷兰语是荷兰的国家通用语，同时也是邻国比利时的官方语言之一。荷兰中央政府以两国历史关系和语言文化渊源为基础，与比利时法兰德斯大区合作，共同进行治理能力、核心能力和战略能力建设，并在国家通用语语言事务治理，国家通用语规范化、智能化和信息化建设，国家通用语的国际拓展，荷兰语语言和文化国际推广等方面取得了丰硕的成果。

第四个层次是跨越语言区边界进行欧洲（欧盟）范围内的合作建设。荷兰是欧盟成员国之一，荷兰语也是欧盟 24 种官方语言之一。荷兰通过欧盟各机构的项目和平台完善国家语言能力建设体系，以《欧框》为例，通过将其运用于国家语言信息化和智能化建设、国家语言教育和外语教育、国际荷兰语推广以及国家语言人才资源掌控等方面，来提升荷兰国家语言规划的科学性、可量化性和影响力。

上述四个层次如图 2.5 所示。此外，荷兰中央政府还在全球范围内进行荷兰语语言和文化的合作推广。荷兰语母语者人数为 2400 万左右，位列欧盟第八位。因此，荷兰中央政府选择在战略能力建设过程中借助世界各地的可合作力量提升荷兰语的国际影响力。具体措施包括：搭建国际荷兰语教育和研究平台，建立国际荷兰语教育研究资源动态数据库，通过国际文学使者进行荷兰语文学作品推介等。

跨越语言边界和国界的语言能力建设道路是荷兰客观上受限于国土面积和母语者规模作出的选择，因此专注于各类数据库、体系和平台合作开发与运营。对于中国国家语言能力建设而言，虽然在资源和规模上受到的限制相对较小，但荷兰中央政府的合作模式和层次也具有一定参考价值。例如，在语言资源和成果的推广方面进行跨国和跨界合作，可以有效提升国家语言能力建设成果的覆盖面和影响力。

参考文献

Ağirdağ, O., G. Biesta, R. Bosker, R. Kuiper, N. Nieveen, M. Raijmakers & J. van Tartwijk. 2021. *Examenprogramma's in perspectief.* Amersfoort: Curriculumcommissie.

Beeker, A., J. Canton & D. Fasoglio. 2008. *Chinees op school: voorstel voor een leerplan Chinese taal en cultuur ten behoeve van het vwo.* Enschede: Nationaal Expertisecentrum Leerplanontwikkeling (SLO).

CNaVT. 2017. Handleiding voor de ontwikkeling van taaltoetsen: te gebruiken met het ERK. https://rm.coe.int/16807457c2#search=handleiding%20taaltoetsen (accessed 28/04/2022).

Council of Europe. 2020. *Common European Framework of Reference for Languages: Learning, Teaching, Assessment (Companion Volume).* Strasbourg: Council of Europe Publishing.

Cucchiarini, C. & H. van hamme. 2013. The JASMIN speech corpus: Recordings of children, non-natives and elderly people. In P. Spyns & J. Odijk (eds.). *Essential Speech and Language Technology for Dutch: Results by the STEVIN Programme.* Berlin: Springer. 43-59.

De Jonghe, A. 2019. *Talenbeleid in Europa.* Den Haag: Nederlandse Taalunie.

De Röoîj, J. & W. Haeseryn. 1985. *Spelling en spellingregeling: wettelijke en bestuurlijke aspecten.* Groningen: Wolters-Noordhoff.

De Vooys, C. G. N. 1970. *Geschiedenis van de Nederlandse taal.* Groningen: Wolters-Noordhoff.

Directorate-General for Translation. 2021. *Annual Activity Report 2020 – DG Translation*. Brussels: European Commission.

Donaldson, B. 1983. *Dutch – A Linguistic History of Holland and Belgium*. Leiden: Uitgeverij Martinus Nijhoff.

European Centre for Modern Languages. 2020. Programme 2020-2023: Inspiring innovation in language education: Changing contexts, evolving competences. https://www.ecml.at/ECML-Programme/Programme2020-2023/tabid/4152/language/en-GB/Default.aspx (accessed 28/04/2022).

Expertgroep doorlopende leerlijnen taal en rekenen. 2008. *Over de drempels met taal en rekenen: hoofdrapport van de expertgroep doorlopende leerlijnen taal en rekenen*. Enschede: Nationaal Expertisecentrum Leerplanontwikkeling (SLO).

Fasoglio, D., A. Beeker & J. Canton. 2008. *Handreiking schoolexamen Chinese taal en cultuur vwo*. Enschede: Nationaal Expertisecentrum Leerplanontwikkeling (SLO).

Folmer, E. 2016. *Monitoring invoering Chinese taal en cultuur: eerste inventarisatie onder schoolleiders en docenten*. Enschede: Nationaal Expertisecentrum Leerplanontwikkeling (SLO).

Folmer, E., G. Corbalan & D. Tigelaar. 2012. *Curriculumevaluatie Chinese taal en cultuur-interimrapportage*. Enschede: Nationaal Expertisecentrum Leerplanontwikkeling (SLO).

Frijhoff, W. T. M. 2010. *Meertaligheid in de gouden eeuw: een verkenning*. Amsterdam: KNAW.

Gubbels, J., A. van Langen, N. Maassen & M. Meelissen. 2019. *Resultaten PISA-2018 in vogelvlucht*. Enschede: Universiteit Twente.

Halink, R. 2020. *Belevingsonderzoek: de leerling aan het woord*. Den Haag: Nederlandse Taalunie.

Haugen, E. 1966. Dialect, language, nation. *American Anthropologist* (4): 922-935.

Heerma van Voss, L., E. Stronks, H. Helmers, L. Jensen, T. Sanders, S. Bax, Y. van Dijk, M. van Duijn, P. Hendriks, M. van Oostendorp & J. Spaapen. 2019. Nederlands verdient meer: hoe de aantrekkelijkheid van de studie te vergroten. Amsterdam: KNAW.

Hellinga, G. G. 2011. *Geschiedenis van Nederland: de canon van ons vaderlands verleden*. Zutphen: Walburg Pers.

Herelixka, C. & S. Verhulst. 2014. *Nederlands in het hoger onderwijs: een verkennende literatuurstudie naar taalvaardigheid en taalbeleid*. Den Haag: Nederlandse Taalunie.

Inspectie van het Onderwijs. 2018. *Nederlands of niet: gedragscodes en taalbeleid in het hoger onderwijs*. Utrecht: Inspectie van het Onderwijs, Ministerie van Onderwijs, Cultuur en Wetenschap.

Inspectie van het Onderwijs. 2019. *Peil. engels einde basisonderwijs 2017-2018*. Utrecht: Inspectie van het Onderwijs, Ministerie van Onderwijs, Cultuur en Wetenschap.

Instituut voor Nederlandse Lexicologie. 2005. *Het groene boekje: woordenlijst Nederlandse taal*. Tielt: Lannoo Uitgeverij.

Janssens, G. & A. Marynissen. 2011. *Het Nederlands vroeger en nu*. Leuven: Uitgeverij Acco.

KNAW. 2017. *Nederlands en/of engels?: taalkeuze met beleid in het Nederlands hoger onderwijs*. Amsterdam: KNAW.

Lindgren, E. & C. Muñoz. 2013. The influence of exposure, parents, and linguistic distance on young European learners' foreign language comprehension. *International Journal of Multilingualism* (1): 105-129.

Lu, Y. & L. Song. 2017. European benchmarking Chinese language: Defining the competences in the written language. In Y. Lu (ed.). *Teaching and Learning Chinese in Higher Education: Theoretical and Practical Issues*. London: Routledge. 13-34.

Maat, H. P. & T. van der Geest. 2021. *Monitor begrijpelijke overheidsteksten*. Arnhem: HAN University of Applied Sciences.

Meijer, D. & J. Noijons. 2008. *Gemeenschappelijk Europees referentiekader voor moderne vreemde talen: leren, onderwijzen, beoordelen*. Den Haag: Nederlandse Taalunie.

Mercator European Research Centre on Multilingualism and Language Learning. 2007. The Frisian language in education in the Netherlands (4th Edition). https://www.mercator-research.eu/fileadmin/mercator/documents/regional_dossiers/frisian_in_netherlands_4th.pdf (accessed 28/04/2022).

Mijts, E. 2012. *Conferentie neerlandistiek in het caribisch gebied 2011*. Oranjestad: Seminar publicaties, Universiteit van Aruba.

Moerdijk, F. 2008. Frames and semagrams. Meaning description in the general Dutch dictionary. Proceedings of the 13th EURALEX International Congress, Barcelona, Spain, July 2008.

Mulder, L., A. Doedens & Y. Kortlever. 2008. *Geschiedenis van Nederland: van prehistorie tot heden*. Amersfoort: ThiemeMeulenhoff bv.

Muysken, P., R. A. G. D'Alessandro, A. C. Buyse, E.-J. Zurcher, G. Jensma, H. M. van den Brink, J. Leerssen & H. E. de Swart. 2018. *Talen voor Nederland*. Amsterdam: KNAW.

Nationaal Expertisecentrum Leerplanontwikkeling. 2011. *Scenario's voor de aansluiting tussen vmbo-tl en havo*. Enschede: Nationaal Expertisecentrum Leerplanontwikkeling (SLO).

Nationaal Platform voor de Talen. 2019. *Talen centraal: naar een deltaplan voor de universitaire talenstudies*. Utrecht: Nationaal Platform voor de Talen.

Nederlands Letterenfonds. 2020. *Beleidsplan 2021-2024*. Amsterdam: Nederlands Letterenfonds.

Nederlands Letterenfonds. 2021. *Jaarverslag 2020*. Amsterdam: Nederlands Letterenfonds.

Nederlandse Taalunie. 2015. *Het groene boekje: woordenlijst Nederlandse taal*. Utrecht: Van Dale.

Network to Promote Linguistic Diversity. 2019. NPLD Position Paper & Action Plan 2019-2020. https://www.npld.eu/our-publications/ (accessed 28/04/2022).

Nijland, L. 2019. Verslag Universiteit Utrecht. In K. Rys & W. Heeringa (eds.). *Staat van het Nederlands – Onderzoeksrapport 2019: over de taalkeuzes van Nederlanders, Vlamingen/Brusselaars en Surinamers in het dagelijks leven*. Den Haag: Nederlandse Taalunie. 283-300.

Provincie Fryslân. 2020. De Fryske Taalatlas 2020. https://www.fryslan.frl/_flysystem/media/Fryske%20Taalatlas%202020%20%28Nederlands%29.pdf (accessed 28/04/2022).

Rys, K. & W. Heeringa. 2019. *Staat van het Nederlands – Onderzoeksrapport 2019: over de taalkeuzes van Nederlanders, Vlamingen/Brusselaars en Surinamers in het dagelijks leven*. Den Haag: Nederlandse Taalunie.

Rys, K., M. van der Meulen & F. van der Gucht. 2017. *Staat van het Nederlands – Onderzoeksrapport 2017: over de taalkeuzes van Nederlanders en Vlamingen in het dagelijks leven*. Den Haag: Nederlandse Taalunie.

Rys, K., W. Heeringa, J. S. Rutten, F. Hinskens, J. de Caluwe, U. Balesar & S. D. Misier. 2021. *Staat van het Nederlands – Onderzoeksrapport 2021: over de verschuivende taalkeuzes van Surinamers, Vlamingen en Nederlanders in het dagelijks leven*. Den Haag: Nederlandse Taalunie.

Schmeets, H. & L. Cornips. 2021. *Talen en dialecten in Nederland: wat spreken we thuis en wat schrijven we op sociale media?*. Den Haag: Centraal Bureau voor de Statistiek.

Sinclair, J. 1987. The dictionary of the future. *Library Review* (4): 268-278.

Smeets, R. 2001. *Naar een samenhangend taalbeleid voor het Nederlands vanuit Europees perspectief.* Den Haag: Nederlandse Taalunie.

Spyns, P. & E. D'Halleweyn. 2013. The STEVIN Programme: Result of 5 years cross-border HLT for Dutch policy preparation. In P. Spyns & J. Odijk (eds.). *Essential Speech and Language Technology for Dutch: Results by the STEVIN Programme.* Berlin: Springer. 21-39.

Steen, I. 2001. Idealisme versus pragmatisme. de Belgisch-Nederlandse culturele betrekkingen 1945-1980. *BMGN – Low Countries Historical Review* (4): 437-464.

Thieme, A.-M. & H. Vander Beken. 2021. Meertalige en anderstalige studenten in het Nederlandstalige universitaire onderwijs: kansen en uitdagingen voor taalbeleid. een verkennende analyse. In A. Mottart & S. Vanhooren (eds.). *34ste Conferentie Onderwijs Nederlands.* Gent: Skribis. 24-30.

Vandaele, W., C. Coudyser, K. Krekels, M. Meremans, K. van Overmeire & M. Hendrickx. 2016. Conceptnota voor Nieuwe Regelgeving. Vlaams Parlement, België, december 2016.

Van de Velde, H., P. Duijff, S. Dyk, W. Heeringa & E. Hoekstra. 2019. *Fries-Nederlandse contactvariëteiten in Fryslân.* Leeuwarden: Fryske Akademy.

Van den Toorn, M. C., W. Pijnenburg, J. A. van Leuvensteijn & J. M. van der Horst (eds.). 1997. *Geschiedenis van de Nederlandse taal.* Amsterdam: Amsterdam University Press.

Van der Ham, G. 2009. *Geschiedenis van Nederland.* Amsterdam: SUN.

Van der Helm, M. E. & A. Sibma. 2015. *Herindeling westergo en het gebruik van de Friese taal: onderzoek voor DINGtiid.* Groningen: Pro Facto.

Van der Horst, I. 2019a. *Het Nederlands internationaal. de rol van het Nederlands en de neerlandistiek in Italië.* Den Haag: Nederlandse Taalunie.

Van der Horst, I. 2019b. *Het Nederlands internationaal. de rol van het*

Nederlands en de neerlandistiek in Polen. Den Haag: Nederlandse Taalunie.

Van der Kamp, P. H. J. & J. G. Kruyt. 2004. Putting the Dutch PAROLE Corpus to Work. http://www.lrec-conf.org/proceedings/lrec2004/pdf/207.pdf (accessed 28/04/2022).

Van der Sijs, N. 2004. *Taal als mensenwerk: het ontstaan van het ABN.* Den Haag: SDU Uitgevers.

Van der Wal, M. J. 1995. *De moedertaal centraal: standaardisatie-aspecten in de Nederlanden omstreeks 1650.* Den Haag: SDU Uitgevers.

Van der Wouden, T., G. Bouma, M. van de Camp, M. van Koppen, F. Landsbergen & J. Odijk. 2017. Enriching a scientific grammar with links to linguistic resources: The taalportaal. In J. Odijk & A. van Hessen (eds.). *CLARIN in the Low Countries.* London: Ubiquity Press. 299-310.

Van Eerten, L. 2007. Over het Corpus Gesproken Nederlands. *Nederlandse Taalkunde* (3): 194-215.

Van Engelshoven, I. 2019. Reactie op het Verslag van een Schriftelijk Overleg over de Brief van 21 December 2018 over het Onderzoeksrapport "Nederlands of Niet: gedragscodes en Taalbeleid in het Hoger Onderwijs" van de Inspectie van Het Onderwijs. Den Haag, Nederland, april 2019.

Vanhooren, S., C. Pereira & M. Bolhuis. 2017. *Iedereen taalcompetent!: visie op de rol, de positie en de inhoud van het onderwijs Nederlands in de 21ste eeuw.* Den Haag: Nederlandse Taalunie.

Van Onna, B. & C. Jansen. 2002. Talen in Nederlandse organisaties. een enquête. In C. van den Brandt & M. van Mulken (eds.). *Bedrijfscommunicatie II: een bundel voor Dick Springorum bij gelegenheid van zijn afscheid.* Nijmegen: Nijmegen University Press. 175-187.

Wambacq, P., K. Demuynck & D. van Compernolle. 2013. SPRAAK: Speech processing, recognition and automatic annotation kit. In P. Spyns & J.

Odijk (eds.). *Essential Speech and Language Technology for Dutch: Results by the STEVIN Programme.* Berlin: Springer. 95-113.

Weenink, D. 2013. STEVIN can praat. In P. Spyns & J. Odijk (eds.). *Essential Speech and Language Technology for Dutch: Results by the STEVIN Programme.* Berlin: Springer. 79-94.

Wennekers, A., J. Boelhouwer, C. van Campen & J. Kullberg (eds.). 2019. *De sociale staat van Nederland 2019.* Den Haag: Sociaal en Cultureel Planbureau.

Willemyns, R. 2013. *Dutch: Biography of a Language.* Oxford: Oxford University Press.

Yagmur, K. 2014. Language policy in the Netherlands. https://www.researchgate.net/profile/Kutlay-Yagmur/publication/237440541_Language_policy_in_the_Netherlands/links/0c960525cfa038cda3000000/Language-policy-in-the-Netherlands.pdf (accessed 28/04/2022).

Zhang, J. 2021. Functional and facilitating: A look into the promotion and standardization of Dutch as the official language in the Netherlands. *Politeja* (4): 189-203.

戴曼纯、何山华，2017，多语制与后里斯本时代的欧盟法律一体化的障碍与出路——以刑事司法领域为例，《北华大学学报（社会科学版）》（1）：9-16。

董希骁，2021，《罗马尼亚国家语言能力研究》。北京：外语教学与研究出版社。

文秋芳，2017，国家话语能力的内涵——对国家语言能力的新认识，《新疆师范大学学报（哲学社会科学版）》（3）：66-72。

文秋芳，2019，对"国家语言能力"的再解读——兼述中国国家语言能力70年的建设与发展，《新疆师范大学学报（哲学社会科学版）》（5）：57-67。

文秋芳、杨佳，2021，《新中国国家语言能力研究》。北京：外语教学与研究出版社。

文秋芳、张天伟，2016，《国家语言能力理论体系构建研究》。北京：北京大学出版社。

夏敬革、尹航（译），1995，欧洲理事会《保护少数民族框架公约》，《世界民族》（2）：77-80。

政策法规及条约名录[1]

《承认荷兰语手语法》〔2021（3）〕：*Nederlandse gebarentaal*, 2021.
《初等教育法》〔2023（9, 9.1, 9.13, 9.3, 9.4, 13）〕：*Wet op het primair onderwijs*, 2023.
《地址和建筑基本名录》〔2017〕：*Basisregistraties adressen en gebouwen*, 2017.
《2008年媒体法》〔2023（2.122）〕：*Mediawet 2008*, 2023.
《法庭认证口译员和笔译员登记簿》〔2022〕：*Register beëdigde tolken en vertalers*, 2022.
《法庭认证口译员和笔译员法》〔2018〕：*Wet beëdigde tolken en vertalers*, 2018.
《弗里斯语词汇拼写列表》〔2015〕：*Foarkarswurdlist foar it Frysk*, 2015.
《弗里斯语媒体使用行政协定2016》〔2016〕：*Bestuursafspraken Fries in de media 2016*, 2016.
《弗里斯语使用法》〔2014（2, 2a, 3.2, 5.1）〕：*Wet gebruik Friese taal*, 2014.
《弗里斯语言和文化治理协定》（2019—2023）〔2018（7, 31-32, 38, 43）〕：*Bestjoersôfspraak Fryske taal en kultuer 2019-2023*, 2018.
《弗里斯语语言规划2030》〔2021〕：*Taalplan Frysk 2030*, 2021.
《高等教育和科学研究法》〔2023（7.2）〕：*Wet op het hoger onderwijs en wetenschappelijk onderzoek*, 2023.
《关于承认低地撒克逊语在荷兰区域语言地位的行政约定》〔2018〕：*Convenant inzake de Nederlandse erkenning van de regionale Nedersaksische taal*, 2018.

---

[1] 本书所引内容均来自最新版或修订版政策法规及条约，因此名录中呈现的年份为最新版或修订版政策法规及条约生效时间。

政策法规及条约名录

《关于承认林堡语在荷兰地位的行政约定》〔2019（3）〕：*Convenant inzake de Nederlandse erkenning van de Limburgse taal*, 2019.

《国家统计局法》〔2022〕：*Wet op het centraal bureau voor de statistiek*, 2022.

《国家英语/现代外语教育改革方案》〔2019（5，6，23，25，26，31，34，35）〕：*Engels/Moderne vreemde talen*, 2019.

《荷兰长期发展计划》〔2019（9，12）〕：*Groeistrategie voor Nederland op de lange termijn*, 2019.

《荷兰和比利时关于重启学术交往的协定》〔1927〕：*Verdrag betreffende intellectuele toenadering tussen Nederland en België*, 1927.

《荷兰王国和比利时王国关于文化和学术关系的协定》〔1946〕：*Verdrag tussen het Koninkrijk der Nederlanden en het Koninkrijk België betreffende de culturele en intellectuele betrekkingen*, 1946.

《荷兰文学基金会2021—2024政策规划》〔2020〕：*Beleidsplan Nederlands Letterenfonds 2021-2024*, 2020.

《荷兰语词汇表》〔1995〕：*Woordenlijst Nederlandse taal*, 1995.

《荷兰语语言联盟协定》〔1982（4）〕：*Verdrag inzake de Nederlandse Taalunie (Taalunieverdrag)*, 1982.

《荷兰语正式拼写规则》〔1804〕：*Leidraad*, 1804.

《基础荷兰语拼写》〔1883〕：*Grondbeginselen der Nederlandsche spelling*, 1883.

《建议vwo学校开设中国语言和文化课程》〔2008〕：*Voorstel leerplan Chinese taal en cultuur voor het vwo*, 2008.

《框架参考解读指导》〔2012〕：*Kijkwijzers: beter zicht op het referentiekader taal*, 2012.

《联合国条约丛书》〔1982〕：*United Nations Treaty Series*, 1982.

《绿皮书：荷兰语词汇表》〔2005，2015〕：*Het groene boekje: woordenlijst Nederlandse taal*, 2005, 2015.

《欧盟基本权利宪章》〔2009（41.4）〕：Handvest van de grondrechten van de Europese Unie, 2009.

《欧洲保护少数民族框架公约》〔1998〕：Framework Convention for the Protection of National Minorities, 1998.

《欧洲区域或少数民族语言宪章》〔1998〕：European Charter for Regional or Minority Languages, 1998.

《欧洲文化公约》〔1954〕：European Cultural Convention, 1954.

《欧洲语言共同参考框架：学习、教学、评估》〔2020〕：Common European Framework of Reference for Languages: Learning, Teaching, Assessment, 2020.

《拼写决议》〔1946〕：Spellingbesluit, 1946.

《人均语言能力达标：21世纪荷兰语教育的角色、地位和内容规划》〔2017〕：Iedereen taalcompetent!: visie op de rol, de positie en de inhoud van het onderwijs Nederlands in de 21ste eeuw, 2017.

《社会参与法》〔2023（18b）〕：Participatiewet, 2023.

《通行行政权法》〔2023（2.6, 2.6.1, 2.6.2, 6.23）〕：Algemene wet bestuursrecht, 2023.

《威斯特伐利亚和约》〔1648〕：Vrede van Westfalen, 1648.

《义务教育法》〔2023（3）〕：Leerplichtwet, 2023.

《义务教育法》（1990年版）〔1990〕：Leerplichtwet van 1900, 1990.

《语言和计算水平统一教育参考框架》〔2009（5）〕：Referentiekader doorlopende leerlijnen taal en rekenen, 2009.

《语言教材指导标准》〔2015〕：Leerstoflijnen, 2015.

《正字法》〔2021〕：Spellingwet, 2021.

《中等教育法》〔2022（6, 6a, 6c, 13.1c, 13.1e, 13.2c, 14.5b）〕：Wet op het voortgezet onderwijs, 2022.

《作为邻境语言的荷兰语：国际合作议定书》〔2017〕：Protocol van overeenstemming: Nederlands als buurtaal, 2017.